英語史を学び　英語を学ぶ

開拓社
言語・文化選書

84

英語史を学び
英語を学ぶ

英語の現在と過去の対話

高橋英光 著

開拓社

は じ め に

イギリスという国を英語では（Great）Britain, England, the United Kingdom（略してUK）などと呼びます。これらの3通りの呼び名はイギリスの複雑な歴史と関わっています。イギリスは英語の本国ですが，5世紀以前にはブリテン島に英語を話す人はいませんでした。それどころか英語という言葉が存在しませんでした。実は，今のイギリスでも英語だけが使われているわけではありません。アイルランド語，ウェールズ語，コーニッシュ語などが先住民であるケルト系の人々によって使われています。北アイルランドでは道路標識に英語とアイルランド語が併記され，ウェールズでは道路標識に英語とウェールズ語が併記されています。

英語は，現在の北ドイツやデンマークに住んでいたアングル人，サクソン人やジュート人たちがブリテン島に449年に侵入した後に徐々に形成された言語です。周知のように，英語は現在ではイギリスだけではなく北アメリカ，オーストラリアを含め世界の様々な地域で使われ，政治，経済，学問の共通語として圧倒的な地位を占めています。本書では，ヨーロッパの片隅にあるブリテン島の少数話者の言語がやがて世界に広まって行く1500年にわたる英語の歴史を学びます。

英語の「不可解なルール」はしばしばジョークのネタにされてきました。たとえば，laughter と daughter は，語頭の l と d 以外は同じつづりですが発音がまったく違います。cough と tough, word と cord, cow と low, comb と tomb, done と

gone，などのペアもそれぞれ一文字しか違わないのに語中の母音の発音が互いに違います。逆に，eye と I はつづりが違うのに発音は同じです。air と heir も，right と rite も発音が同じです。英語を正しく発音するのは大変です。knight「騎士」の k と gh は発音せず，island「島」の s も発音しません。なぜ発音しない文字があるのでしょうか。英語の文法についても，私は中学 1 年生の時に動詞の 3 人称単数現在形に戸惑いました。「私が歌う」は I sing なのに「ローラが歌う」はなぜ Lora sings なのでしょうか。動詞 come の過去形は came ですが，go の過去形 went は go と少しも似ていません。write の過去は wrote なのに bite の過去はなぜ bit なのでしょうか。名詞の複数形には -s を添える，と習いますが，tooth「歯」の複数形は teeth です。ところが tooth とつづりが良く似た booth（仕切り席，ブース）の複数形は booths です。形容詞の kind の反意語は **un**kind ですが，convenient の反意語は **in**convenient です。*inkind とか *unconvenient となぜ言わないのでしょうか。名詞の作り方も厄介なことがあります。happy の名詞形は happiness ですが，active の名詞はふつう activity です。冠詞の a や the はいつから英語にあるのでしょうか。be going to はいかにして未来を表すようになったのでしょうか。

　これらの現象や疑問への答えは英語がたどってきた歴史の中に見つかることがあります。イギリスの歴史はおおづかみに言えば「侵略して，侵略され，その後海外に進出して植民地を広げた歴史」です。このようなイギリスの歴史が現在の英語に刻印されています。英語史についてはこれまで優れた専門書・啓蒙書が世に出ていますが，本書には既刊書と違う以下の三つの特徴があります。

I 体験型の英語史

本書では，これまでの英語史の図書に準じ，古英語，中英語，初期近代英語と分類して英語の内面史と外面史を扱い，アメリカ英語の成り立ち，イギリス英語とアメリカ英語の相違点，世界の英語を取り上げつつ英語の多様性にも触れます。しかし本書では古英語のテキストとその現代英語訳を読者に自分の目で比べてもらい，語彙や文法の違いを見つけるように構成されています。また古英語から中英語への変化も自分で探すように構成されています。OED という英語辞典についても利用者の視点から体験談を書きました。教わるだけでなく体験できる英語史を心がけました。

II 認知言語学の視点

英語史とは言語変化の研究ですが，言語変化については認知言語学が注目すべき成果を発表しています。しかしこれまでの英語史のテキストでは認知言語学の知見があまり取り入れられていません。本書では，使用頻度と記憶の強化や，言語変化とメタファー，メトニミー，抽象化，具体化，主観化などの認知能力の関係に言及します。たとえば，write, drive などの古英語の強変化動詞がなぜ現在でも強変化動詞であるのか，be going to がなぜ未来を表す助動詞になったのかを認知言語学の立場から論じます。

III 二部構成の英語史

本書は二部構成に特徴があります。第 I 部「英語の 1500 年の歴史」では古い時代の英語の発音，文法，つづりなどを現代英語の視点から観察します。第 II 部「今の英語を歴史的に見る」で

は，現代英語とコミュニケーションをめぐる話題・現象を取り上げ，英語史の観点から観察します。つまり二部構成により，英語の今と昔がリンクされています。英文法の謎を英語史の観点から説明する優れた既刊書が世に出ていますが，本書は学校文法にとどまらず現代の生きた英語を英語史の視点から取り上げています。

　つまり「体験する英語史」，「認知言語学の視点」，「二部構成」を取り入れ，英語史を学んで英語を学び，現代の生きた英語を観察しながら英語史を振り返り，英語の今と昔が対話するような読み物を目指しました。本書は，著者が北海道大学文学部で担当した英語学概論『英語の歴史』（2000〜2017年）を基盤とし，そこに全学教育『英語演習』〈言葉とコミュニケーションに関する新聞記事を英語で読む〉の内容を加味しました。受講学生には英語や言語学を専攻する学生だけではなく心理学，歴史学，文学，認知科学，人類学や数学，化学，経済学，生物学などを専攻する学生も含まれ，さらに多様な言語的・文化的背景をもつ留学生が含まれて活発なやりとりが行われました。本書にはかれらからの貴重なフィードバックが大いに盛り込まれています。

　本書は，ヨーロッパ史，アメリカ史，さらに時には日本史ともリンクさせて英語史の物語を書きましたので，大学の一般教養課程や学部の英語学概論，英米文化論，ヨーロッパ文化論のテキスト，社会人向けの教養講座のテキストなど幅広い読者が想定できます。昨今はコミュニケーションの道具としての英語だけが重視される風潮が見られます。しかし英語はあくまでも民族語であり，英語を話す民族の歴史と切り離して英語を知ることはできません。本書を読み，民族語としての英語の昔と今の姿に興味を

もっていただけたらうれしく思います。

　本書の執筆のお話から完成に至るまで，開拓社の川田賢氏には多くのご助言とご配慮を頂きました。執筆開始から完成まで辛抱強く待って下さり御礼申し上げます。最後に，著者のかつての指導学生である鈴木大路郎氏には初稿の校正をお願いし貴重な助言をいただきました。ここに記して，心より感謝申し上げます。

2019 年 6 月 15 日　初夏の札幌にて

高橋　英光

目　　次

第 I 部

英語の 1500 年の歴史

第 1 章　英語の祖先

1.　英語のルーツ

　英語を知っている人がドイツ語を学ぶと，すぐに英語とドイツ語が似ていることに気づく。以下を見よう。

英語	ドイツ語
mother	Mutter
milk	Milch
water	Wasser
young	jung
me	mich

　「母」は英語で mother だが，ドイツ語では Mutter である。「ミルク」は milk と Milch，「水」は water と Wasser，「若い」は young と jung，「私（を）」は me と mich，という具合に明白な対応がある。実は英語はドイツ語だけでなくヨーロッパの多くの言語と類似点がある。さらに遠いインドの古語であるサンスク

リット語とも類似点がある。たとえば「母」はサンスクリット語で matar と言う。

このようなヨーロッパの諸言語とサンスクリット語との類似性を最初に発見したのは，イギリス人のウィリアム・ジョーンズ（1746-1794）である。ウィリアム・ジョーンズは，少年の頃から語学の才能を示し，ラテン語やギリシャ語などヨーロッパの古典語のほかヘブライ語，ペルシア語，アラビア語を学んでいた。生活のために法律の道に進むが，37 歳の時に当時イギリスの植民地であったインドのカルカッタの高等法院の判事となった。ジョーンズは，インドの言語と文化に自然と深い興味を抱き，インドの古語であるサンスクリット語を精力的に学んだ。そしてサンスクリット語が古典ギリシャ語やラテン語と共通の祖先をもつことを主張し，推定上の祖語の存在を 1786 年の講演で唱えた。次はジョーンズの講演の抜粋である。

> The *Sanscrit* language, whatever be its antiquity, is of a wonderful structure; more perfect than the *Greek*, more copious than the *Latin*, and more exquisitely refined than either, yet bearing to both of them a stronger affinity, both in the roots of verbs and the forms of grammar, than could possibly have been produced by accident; so strong indeed, that no philologer could examine them all three, without believing them to have sprung from some common source, which, perhaps, no longer exists; ...
>
> (delivered on 2 February 1786 and published in 1788)

（サンスクリットは，その古さはどうであれ，すばらしい構造をしている。ギリシャ語より完璧で，ラテン語より豊かで，そのど

ちらよりも見事に洗練されている。だが，動詞の語根や文法様式のいずれも，偶然とは思えない強い類似性を持っている。その類似性は非常に強いので，言語学者ならだれでもこれら3言語を調べると共通の源から生まれたと信ぜずにはいられないだろう。もっともその共通の源はおそらくもはや存在しないだろうが。)

　この共通の祖先（some common source）は「インド・ヨーロッパ祖語（Proto Indo-European）」と命名され，この祖語から分岐した言語グループは「インド・ヨーロッパ語族（The Indo-European Family of Languages）」と呼ばれるようになった。

　ジョーンズの講演はヨーロッパ社会に大きな衝撃を与えた。18世紀のヨーロッパ人にとってインドは「未開で文明度が低い」国であった。一方でギリシャ語やラテン語はヨーロッパ社会のエリートの言語であるため，インドの古い言語との類似性を指摘されてもすぐには受け入れられなかった。しかし次頁の対応表を見ると，サンスクリット語とラテン語・ギリシャ語のみならず多くのヨーロッパ諸語との間に類似性があるのは疑う余地がない。

インド・ヨーロッパ語族の言語

英語	mother	new	night	three
サンスクリット語	matar	nava	nakt	trayas
ギリシャ語	meter	neos	nux	treis
ラテン語	mater	novus	nox	tres
ドイツ語	Mutter	neu	Nacht	drei
フランス語	mère	nouveau	nuit	trois
スペイン語	madre	nuevo	noche	tres
ロシア語	mat'	novy	noch'	tri
ペルシャ語	madar	nava	nakt	trayas

(Katzner (2012: 11) の表の一部を引用)

　ただしヨーロッパ大陸（とその周辺）の言語がすべてインド・ヨーロッパ語族に属するわけではない。バスク語，フィンランド語，ハンガリー語，トルコ語はいずれも非インド・ヨーロッパ語である。バスク語は系統が不明であり，フィンランド語とハンガリー語はウラル語族（フィン・ウゴル語派）に属し，トルコ語はアルタイ諸語に属する。たとえば，mother はバスク語ではama，フィンランド語では äiti，ハンガリー語では anya，トルコ語では anne であり，new はそれぞれ，berri, uusi, új, yeni である (Katzner (2012: 11))。インド・ヨーロッパ語族の言語と類似点が見られない。

　インド・ヨーロッパ祖語から生まれた言語は 400 以上ある。これは世界の推定上の言語数 6700 の 6% 程度だが，話者人口はおよそ 30 億人であり世界の人口の 4 割を占める。インド・ヨーロッパ祖語を話していた人々はやがて各地へ移動・拡散する。こ

のうち西へ移動したグループがゲルマン語派（英語，オランダ語，ドイツ語および北方のアイスランド語，スウェーデン語など），イタリック語派（ラテン語および後のフランス語，イタリア語やスペイン語，ポルトガル語など），ケルト語派，スラブ語派（ロシア語，ウクライナ語，ポーランド語など），ギリシャ語派などを形成した。一方で，南東へ移動した人々はインド・アーリア語派（サンスクリット語など）を形成した。図1はインド・ヨーロッパ祖語から生まれた語派の移動・拡散の概略を示したものである。

図1：インド・ヨーロッパ祖語から生まれた言語の移動・拡散

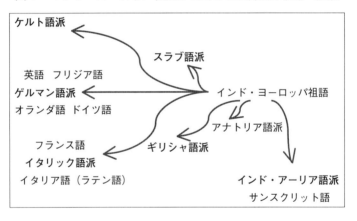

インド・ヨーロッパ祖語から生まれた言語で文献が残る最古の言語はヒッタイト語である。ヒッタイト語とは，アナトリア語派に属し，アナトリア半島中央部のヒッタイト帝国で使われた言語であり紀元前1500年〜1300年頃までの文書が残っている。

インド・ヨーロッパ祖語という推定上の言語は，いつ，だれが，どこで話していたのだろうか。文字のない時代であり何も記

録がなく遺跡もないが二つの説が提唱されている。ひとつは，5000年前から6000年前に黒海の北方からカスピ海の西方のステップに住む遊牧民が話していたというものである。これは以前から多くの言語学者に支持されてきた説である。しかし別の新説が進化生物学者や考古学者によって近年提唱されている。それは，およそ8000年前にアナトリア半島（現在のトルコ）に住む農耕民が話していたという説である。どちらの説にも決定的な証拠があるわけではなく激しい論争が繰り広げられ，論争に決着はついていない。[1]

2. 第一次子音推移と第二次子音推移

　ゲルマン語派は北方と西方，東方の三つに分かれる。英語はオランダ語やフリジア語[2]と共に西方ゲルマン語のひとつである。ゲルマン語はインド・ヨーロッパ祖語から分かれた時に，ゲルマン語以外のインド・ヨーロッパ語族の諸語と子音が大きく体系的に変化した。この子音変化は1822年にドイツの文献学者ヤーコプ・グリムが法則化したために「グリムの法則（Grimm's Law）」とも「第一次子音推移（First consonant shift）」とも呼ばれ，紀元前2000年頃〜5000年頃に起こったと推定される。インド・ヨーロッパ祖語からゲルマン祖語への分化の過程で起きた発音変化はラスムス・ラスクによっても指摘されたが，グリムの発表で定着しインド・ヨーロッパ語族の本格的な比較言語学の先駆けと

---

[1] この論争については「言語学バトル　印欧語祖語の起源をめぐって」『日経サイエンス』2016年9月号，pp. 84-90を参照されたい。

[2] フリジア語はオランダとドイツの一部で用いられ話者人口は40万程度の言語である。

なった。

　図2は，グリムの法則，つまりゲルマン語と他のインド・ヨーロッパ語族との子音の対応関係，を示している。矢印の出発点はインド・ヨーロッパ祖語の子音を，矢印の到達点は推移したゲルマン語の子音を表している。

図2：グリムの法則

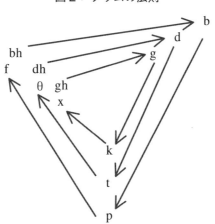

　たとえば，d → t という推移がある。これはインド・ヨーロッパ祖語では d の音がゲルマン語に分化した時に t の音に変化したことを示し，フランス語の d の音と英語の t の音の対応に当てはまる（フランス語の deux と英語の two など）。また t → θ は，インド・ヨーロッパ祖語の t の音がゲルマン語では θ になったことを示し，英語の three とフランス語の trois，スペイン語の tres の音の対応に表れている。k → x の推移は，フランス語の疑問代名詞 que と英語の what の語頭の子音の対応に表れ，p → f の推移はフランス語の paternel（父の）と英語の fatherly

の語頭の子音の対応に表れている。

　図2を音韻論的に言えば，インド・ヨーロッパ祖語の有声有気閉鎖音 bh, dh, gh はゲルマン語で有気音を消失してそれぞれ b, d, g となり，インド・ヨーロッパ祖語の有声閉鎖音 b, d, g はゲルマン語で無声化してそれぞれ p, t, k となり，インド・ヨーロッパ祖語の無声閉鎖音 p, t, k はゲルマン語でそれぞれ f, θ, x となった，ということになる。

　p → f の子音変化は一般に起こりやすい。p を発音する時のくちびるのはじき方が弱まると f の音になりやすいためである。日本語の子音でも同じことが起きている。現代日本語では「母」を haha と発音するが，奈良時代ごろまでは papa であった。これはハヒフヘホをこの時代まではパピプペポと発音していたためである。しかしその後 p 音（両唇音）が f 音に変化する。さらに 17 世紀に東日本から先に f → h に変化したことが宣教師によって記録されている（杉本 (2008: 227)）。

　さてグリムの法則には例外があることが発見された。その例外を説明したのがデンマークの言語学者ヴェルネルである。例外とは，図2でインド・ヨーロッパ祖語の p, t, k がそれぞれ f, θ, x（無声摩擦音）にならない例であり，先行する母音に強勢がない時に現れることが明らかにされた。これは発見者にちなんでヴェルネルの法則と呼ばれる。

　第一次子音推移がインド・ヨーロッパ語族の中でゲルマン語が他のインド・ヨーロッパ語族から体系的に子音を変化させたものであったのに対し，ゲルマン語内部でも第二次子音推移と呼ばれる子音推移が起きた。それは現在のドイツ語の元である高地ゲルマン語（Old High German）に 6 世紀から起こった子音推移である。たとえば「船」は英語で ship だがドイツ語で Schiff である。

10

「水」は英語で water だがドイツ語では Wasser である。「日」は英語で day だがドイツ語では Tag である。これらに見られる英語とドイツ語の子音 p と f の対応，t と s の対応，d と t の対応は第二次子音推移によるものであり，高地ゲルマン語がその他のゲルマン語から体系的に子音を変化させた結果である。

　オランダ人は，英語のコミュニケーション能力が高いことが知られている。筆者は数年前にアムステルダムに 1 週間ほど滞在したことがあるが英語でコミュニケーションができない人には一人も会わなかった。英語による高等教育が徹底していることもあるが，オランダ語が英語と同じく低地ゲルマン語であることも無関係ではない。なお英語にもっと近い言語と言われるのはフリジア語である。

この章の要点：
- 英語はゲルマン語のひとつであり，ゲルマン語とはインド・ヨーロッパ語族のひとつである。インド・ヨーロッパ語族とは推定上のインド・ヨーロッパ祖語から派生した言語のグループを指す。
- 世界の人口のおよそ 4 割に当たる 30 億人がインド・ヨーロッパ語を母語とする。
- ゲルマン語が他のインド・ヨーロッパ語族から分化した時に起こった子音変化は第一次子音推移，またはグリムの法則と呼ばれ，現代英語とフランス語やスペイン語などの子音の対応を体系的に説明する。
- ヨーロッパおよびその周辺の言語のすべてがインド・ヨーロッパ語族に属するわけではない。

第2章　古英語（**Old English**）

1.　英語のはじまり

　英語のはじまりは，5世紀（449年）に今のデンマークと北ドイツの地域に住んでいたゲルマン民族の一派であるアングル人，サクソン人，ジュート人によるブリテン島侵入にある。

　5世紀のブリテン島には先住民であるケルト民族が住んでいた。かれらはローマ帝国の支配下にあったが，この頃にはローマ帝国が弱体化して軍が撤退していた。アングロ・サクソン人たちはブリテン島に侵入・移住し，先住民のケルト人と争いかれらを周辺の地域へ追いやった。その一方で，部族同士での争いもあり，王が率いる7つの部族国家が現在のイングランドに割拠するようになったのは7世紀である。英語とは，これらの部族（国家）の言葉がブリテン島侵入後200年から300年の時を経て融合した言語である。このため古英語期（Old English）を西暦700年頃から1100年頃までと定義するのがふつうになっている。

　アングル人，サクソン人，ジュート人たちによるブリテン島侵入とは殺戮と破壊によるものであった。ケルト人とその文化は抹

殺され，ブリテン島の北部および周辺，つまり現在のスコットランド，アイルランドやウェールズなどの地域，へ追いやられた。本書の冒頭でも述べたように，「イギリス」を表すには Great Britain, England, the United Kingdom（略して UK）という 3 種類の言い方がある。Great Britain とは，中心部のイングランド（England），北部のスコットランド（Scotland），西部のウエールズ（Wales）を含む「大ブリテン（島）」という意味である。

Britain は先住民であるケルト系（Celtic）のブリトン人（Briton）に由来し，England は侵入者であるアングル人を表す Engla と土地を表す land が結合した言葉である。つまり England とは「アングル人の土地」という意味である。England は正確にはブリテン島からスコットランドとウェールズを除いた部分を指すが，俗に英国，イギリス，大ブリテン（島）全体を表すのは England が長らく英国の政治経済の中心であるためである。

the United Kingdom はイギリスの正式名称である the United Kingdom of Great Britain and Northern Ireland（グレートブリテン及び北アイルランド連合王国）の略である。最近のイギリス人は自国を (the) UK と言うことが多い。以前に知り合ったスコットランド出身の留学生は「母国へ戻ることを England に戻ると言えば日本人や他の外国人にはわかりやすいが自分としては England ではなく Scotland に戻ると言ったのですよ」と口にしていたのを思い出す。イギリスの首都ロンドンにある「大英博物館」の英語名は British Museum であり，English Museum ではない。

さてブリテン島は今から 1 万年以上前にはヨーロッパ大陸と陸続きであったが，やがて海水面が上昇してブリテン諸島が形成された。少なくとも 8000 年前までには人々が住み温暖化ととも

に人口が増えたと考えられる。イングランド南部にストーンヘンジ (Stonehenge) という巨石を環状に並べた遺跡がある。これは紀元前 3000 〜紀元前 1520 年の間に数回にわたりつくり上げられたと想定されているが（ブリタニカ国際百科大事典），どのような民族が建設したのかは不明である。

　ケルト人は古代ヨーロッパの西部と中央に居住していた民族だが，紀元前 7 世紀頃からヨーロッパ各地への移動を始め，やがてブリテン島にも移動した。ブリテン島にいつから移動したのかは不明だが，紀元前 1 世紀のブリテン島は数十万から百万人ものケルト人の諸部族が住んでいたと推定される。かれらは文字を持たなかったが口承文化を持ち音楽と美術の才能に恵まれ，金属武器を操り，すぐれた工芸，農耕，牧畜技術を有していた（近藤 (2013: 13–14)）。しかしケルト人はローマ人からもゲルマン人からも迫害され領土を奪われることになる。

　ブリテン島では長らくケルト人の世界が続いたが，西暦 43 年に古代ローマ帝国（第 4 代皇帝クラウディウス）がブリテン島を征服し領土とする。はげしい抵抗と反乱があったがやがて北部を除きローマ帝国支配下になり，このローマン・ブリテン時代は紀元 5 世紀初頭まで続いた。英国にはウィンチェスター (Winchester)，ランカスター (Lancaster)，グロスター (Gloucester) など語尾に -cester や -caster が付く都市が点在する。これらは軍団所在地・要塞を意味するラテン語でありローマン・ブリテン時代の名残である。この時代の遺産のひとつにハドリアヌスの壁 (Hadrian's Wall) がある。これはイングランド北部のタイン川 (River Tyne) の河口からソルウェイ湾頭 (Solway Firth) まで 117 キロ続く石垣のような壁である（次頁の写真を参照）。

ハドリアヌスの壁の一部

（Newcastle 市内で 2015 年 7 月 23 日に筆者が撮影）

　これは北方民族からの侵入を防ぐために建設されたと言われるが，ローマ帝国支配の北限を象徴するものでもあった。

　アングロ・サクソン人がブリテン島に侵入した時は，ルーン文字（Runes）というアルファベットを使っていた。これは，ゲルマン民族が 2 〜 3 世紀頃からヨーロッパ大陸で使っていたものである。しかし 6 世紀末のブリテン島のキリスト教化と共にローマ文字が代わりに使われるようになった。次は，古英語のアルファベットである。

　　　a æ b c d e f g h i l m n o p r s t Þ ð u p x y

　この中には現代英語のアルファベットには存在しない以下の文字が含まれている。

　　æ（ash: [æ]）
　　Þ（thorn: [θ] の音を表す）
　　p（wynn: [w]）
　　ð（eth: [ð]）

これらはルーン文字であり古英語特有の音を表記するために使わ

れた。つまり古英語ではローマ字とルーン文字の混合アルファ
ベットが使われていたのである。ちなみにルーン文字は現代でも
アイスランド語で使われている。

　次に古英語のアルファベットをもう一度よく見ると，現代英語
にある文字がいくつか見当たらない。それは次の五文字である。

　　　j,　k,　q,　v,　w

　j は古英語の時代には存在しなかった。k は古くからあったが
OE ではほとんど使われず /k/ の音を c で表していた（たとえば
「王様」＝cyning）。q も OE ではほとんど使われずノルマン征服
（1066 年）以後であり，v や w も後の時代に確立した文字であ
る（アルファベットの変遷については第 II 部の第 1 章を参照）。

　下の写真は，7 世紀のアングロ・サクソン時代の遺産である。
1939 年にイングランド東部サフォーク州サットン・フー（Sutton
Hoo）の墓から発見された兜（かぶと）であり船葬墓の副葬品であ
るが，イースト・アングリアの王にまつわる記念品と推定される。

（2015 年 7 月 25 日 British Museum にて筆者が撮影）

　以下は，古英語期（Old English）の主な出来事（外面史）である。

（c. 410　ローマ勢力のブリテン島からの撤退）

5世紀半ば　アングル人，サクソン人，ジュート人によるブ
　　　　　　リテン島侵入

597　英国人のキリスト教化への改宗のはじまり

793〜　デーン人（ヴァイキング）による最初の急襲とそれ
　　　　に続く9〜10世紀の侵入

878　アルフレッド王がデーン人（ヴァイキング）の侵攻を
　　　　制止させ，デーンロー（イングランド北東部のデーン
　　　　人が大挙定着した地域）が成立。

（1066　ノルマン征服 Norman Conquest）

　以下で見るように，それぞれの出来事が英語に多大な影響を与
えている。

2.　古英語（Old English）とはどのような言語か

2.1.　古英語と現代英語を比べる

　古英語とはどのような言語だったのだろうか。今から千年以上
前の英語は以下のような姿をしていた。

> Se wīsa wer timbrode his hūs ofer stān.　Þā cōm þǣr
> micel flōd, and þǣr blēowon windas, and āhruron on þæt
> hūs, and hit ne fēoll: sōþlīce, hit wæs ofer stān get-
> imbrod.
>
> 　Þā timbrode se dysiga wer his hūs ofer sandceosol.
> Þā rīnde hit, and þǣr cōm flod, and blēowon windas,
> and āhruron on þæt hūs, and þæt hūs fēoll; and his hryre
> wæs micel.

（「砂の上に家を建てた男」マタイ伝 7:24-27 より）

現代英語訳：

The wise man built his house on stone. Then a great flood came there, and winds blew there, and fell down upon the house, and it did not fall: truly, it was built on stone.

　　Then the foolish man built his house on sand [lit. sand-gravel]. Then it rained, and a flood came there, and winds blew, and fell down upon the house. And the house fell; and its fall was great.）

（原文および現代英語訳とも Smith (1999: 160-161) より）

　以前に英語史の講義で「この古英語のテキストと現代英語訳を比べて，気づいた文法の違いを指摘せよ」という課題を受講生に出したことがある。かれら（主に文学部 2 年生）は以下の点を指摘した。

・現代英語の the が古英語ではさまざまな形態（se, þæt など）で表現されている。

・不定冠詞 a が古英語に見当たらない。たとえば 2 行目の "Then a great flood came there" が古英語では "Þā cōm þǣr micel flōd"（＝Then came great flood），5 行目の "and a flood came there" が古英語では "and þǣr cōm flōd"（＝and there came flood）と表現されている。

・古英語では否定文に do を使っていない。現代英語訳の上から 3 行目 "It did not fall" が古英語では "hit ne fēoll"（＝It not fell）となっている。

・語順が違う。倒置が多い。たとえば 1 〜 2 行目の "Then

a great flood came there, and winds blew there" は古英語では "Þā cōm þǣr micel flōd, and þǣr blēowon windas" であり，直訳では "There came great flood and there blew winds" である。

　現代英語の定冠詞 the はいつどこで使われても the であり形が変わらない。その意味は高度に抽象的である。しかし古英語の "the" は複数の語形をもっている。理由は，名詞の格，性，単複に呼応して語形を変化させたためである。個々の語形は現代英語の the と比べはるかに情報が豊かであった。次に不定冠詞 a は古英語にまだ存在しなかった。a は後の時代に one の音が縮小してできたものであり，a に「ひとつ」の意味が含まれるのはこのためである。古英語期には否定や疑問表現に do を使う用法がなく，否定を「ne＋動詞」で表すのが基本であった。なお現代英語の否定辞 not は nothing を表す nought が短縮されたものであり 14 世紀以降に表れている。家入（2016: 98–99）によると，中英語期には「ne＋動詞」と「ne＋動詞＋not」，「動詞＋not」の三つの否定形が共存していた。最後に，現代英語は語順が固定的だが，古英語は語順がより柔軟で「主語＋動詞」以外に「動詞＋主語」の語順もしばしば使われていた。

　このように古英語とは定冠詞の the が複雑な形を持ち，不定冠詞の a がなく，否定や疑問を作る助動詞 do がなく，「動詞＋主語」の語順がしばしば使われるなど現代英語とは異なる文法的特徴をもつ言語であったことがわかる。しかしその一方で，語彙に着目すると古英語と現代英語の連続性に気づかされる。wise（賢い）は古英語では wīsa, his house（彼の家）は his hūs, flood（洪水）は flōd である。さらに前置詞の over（＝ofer）と on および

接続詞の and が古英語にもある。現代英語の fall の過去形 fell
は古英語では fēoll で，現代英語の it は古英語で hit というふう
につづりに違いはあるものの同一の語彙であることがわかる。

2.2.　古英語の語彙

　古英語の語彙を現代英語の語彙と比べると，そのもっとも大き
な特徴は借用語の少なさにある。逆に言えば古英語の語彙の大部
分はアングロ・サクソン語，つまり英語の本来語，である。おお
まかな計算では現代英語の語彙のうち約25%が英語本来語で，
約60%がラテン語かフランス語で残りの15%がその他の言語か
らの借用である。しかし基本語1000語に絞ると約55%が英語
本来語，約30〜35%がラテン語・フランス語である。さらに
100語に絞るとそのうち98語が英語本来語であり借用語は they
と are の2語しかないと言われる。英語学習の観点から言えば，
初等で学ぶ英単語のほとんどは英語本来語だが中級から上級へ進
むにつれて借用語の習得が増える，ということになる。

　現代英語の日常語・基本語は一般に英語本来語が多い。身体部
位 (head, eye, ear, mouth, hand, foot など)，地形 (land,
field, hill, wood など)，家庭生活 (house, home, door, floor,
knit など)，親族関係 (mother, father, wife, brother, son,
daughter など)，暦 (sun, moon, day, month, year など)，動
物 (cow, horse, sheep, dog, fish など)，もっとも一般的な形
容詞 (white, long, wide, good, dark など) や動詞 (come,
go, drink, swim, eat, live, think など) は英語本来の語彙が
多い。ただし例外がないわけではない。たとえば身体部位の語彙
を少し詳しく眺めてみよう。

〈身体部位を表す英語の語彙〉

hair

eye　head　ear

face（F）　ear

beard　nose　moustache（F）

mouth　chin　bone

neck（ON）

arm　shoulder　skin（ON）

heart

hand　body　thumb　finger　nail

navel　back　hip

thigh

leg（ON）　knee

toe　foot　heel

　むろんこれらの身体部位の語彙の多くが英語本来語だが，face
はフランス語であり moustache もフランス語からの借用語（い
ずれも F と表記）である。neck, skin, leg は古ノルド語（ON と
表記）である。以前に知り合いのアメリカ人に「face はもともと
フランス語ですよ」と言うと「まさか！」と驚いていた。

　親族関係の語彙も大方は英語本来語だが sister と husband は
デーン語であり，uncle と aunt はフランス語である。古英語か
ら現代英語まで生き延びた日常語はたくさんあるが，消滅した語
もある。現代英語では「親」を parent と言うが，古英語では el-
dra / ieldra であった。しかし 15 世紀以後に古フランス語から借
用された parent に取って代わられた。ちなみに現代ドイツ語で
「親」を意味する Eltern は古英語の eldra / ieldra と同じ起源の言

葉である。

2.3.　古英語の借用語　ラテン語と古ノルド語

　古英語は「純粋なゲルマン語」とか「純粋なアングロ・サクソン語」と説明されることがある。しかし借用語がなかったわけではない。とりわけラテン語と古ノルド語は古英語期の主要な借用語である。

　ラテン語とはインド・ヨーロッパ語族のイタリック語派に属し，最初はラチウム地方だけで話されていたがローマの発展とともにその国語としてヨーロッパとその周辺に広まった。紀元前1世紀には洗練された文章語をもつ古典ラテン語ができて中世，近世の学術語およびローマ教会の典礼用語としてヨーロッパ文化の中心的言語となった。一方で民衆が使うラテン語は俗ラテン語（Vulgar Latin）と呼ばれ，それが地方色を帯びて分岐して今日のロマンス語諸語（フランス語，イタリア語，スペイン語など）となった。ラテン語は日本語にも入っている。ビデオは「見る」を意味するラテン語の動詞であり，ウイルスは「毒」という意味のラテン語である。ラテン語が古い時代に英語に入った主なルートは二つある。ひとつはアングロ・サクソン人がまだ大陸にいた時代（侵入以前）にローマ文化と接触して借用されたラテン語である。た と え ば, street, wall, chalk, tile, -chester, pit, camp, wine, cheese などであり，古代ローマ帝国の土木・建築や食文化を反映する語彙である。もうひとつのルートは侵入以後である。それは597年に始まるキリスト教化への改宗である。[1]

　七王国時代の初期の王は古代ゲルマンの多神教を信仰してい

---

[1] ラテン語については小林 (2006) に詳しい説明がある。

た。しかしローマ帝国の教皇グレゴリウス1世は聖アウグスティヌスをブリテン島に遣わし，徐々にキリスト教への改宗に成功していった。キリスト教への改宗は英語にラテン語語彙とローマン・アルファベットをもたらした。古英語期のラテン語借用語にはangel（天使），candle（ろうそく），creed（信条），demon（悪魔），disciple（弟子，信徒），mass（ミサ），priest（聖職者），school（学校，流派），paper（紙），psalm（聖歌），shrine（聖堂），temple（寺院）などのキリスト教や書物と関係する語彙が顕著である。

　古英語期の最初の大事件が6世紀末に始まるキリスト教化だとすると，第二の大事件は8世紀末（793年）に始まるバイキングの侵入である。ヴァイキングとは8世紀末から11世紀中頃までヨーロッパの各地とロシアそしてカナダ東部にまで侵入した北方ゲルマン族の総称である。ヴァイキングは大船団による遠征，植民，領土獲得を行い各地で大いに恐れられたが，その一方で北海・バルト海商業圏で商人としての地位を確立していた。かれらの言語は，古ノルド語（Old Norse）とかデーン語（Dane）あるいはスカンジナビア語（Scandinavian）などと言われる。なお中部イングランドと北フランス（ノルマンディー）に侵入して自治地域に定住したのは主にデンマーク系のヴァイキングである。このため英語史ではかれらをデーン人と呼ぶことが多い。

　デーン人は793年にリンディスファーン修道院（Lindisfarne Abbey）を襲撃をし，その後も他の修道院の破壊・略奪行為を続けた。アングロ・サクソン人はデーン人の侵攻に大いに苦しめられ多くの領土を失ったが，9世紀後半（878年）にようやくサセックスの英雄・アルフレッド大王がデーン侵攻を食い止めた。これによりデーンロー（Danelaw），つまり「デーン人の法の行われる地」，がイングランド北東部に制定された。デーン人が大挙定

着したこの地方は中世を通じ他の地域とは異なる制度，慣習を保っている（ブリタニカ国際大百科事典より）。イングランドには語尾に -by（たとえば Grimsby, Kirkby）や -thwaite, -thorpe, -toft などがつく地名がある。これらは「農地，耕作地」や「定住地」を意味する古ノルド語に由来する。

　次は古英語から中英語期にかけて借用された古ノルド語のいくつかである。

> are, bank, birth, call, egg, fellow, get, guess, harbor, ill, kid, knife, leg, loan, odd, race, reindeer, root, score, seat, sister, skirt, sky, take, their, them, they, weak

　ラテン語借用語と比べると語彙の性格の違いが顕著であり，古ノルド語のそれは卑近で日常的なものばかりである。このうち特筆すべきは複数の三人称代名詞 they, their, them である。代名詞は一般言語学では機能語とか文法語と呼ばれ，いかなる言語でも機能語は本来語であるのが普通である。たとえば日本語の機能語である助詞「は」「が」「を」「に」などはすべて和語である。この点で借用語の they, their, them が本来語を退けて英語の代名詞として定着したことは例外的な現象と言える。これは当時の英語と古ノルド語が系統的に近いことと互いの文化程度に差がなかったことが要因であろう。

　古ノルド語は，複数の3人称代名詞や sister のような親族語彙以外に call, get, take, want などの基本動詞を英語に提供している。なお朝尾（2019: 66）は，are は古ノルド語 erum の影響を受けて北部で aron / aren が使われ，やがて are(n) として南部に広まったと解説している。ちなみに skirt（＝skyrta）は英語

の shirt と同じ起源である。bank は「土手・川岸」の意味で 13 世紀前後の借用語であり，「銀行」の bank はフランス語または イタリア語から 15 世紀に借用されたものである。race は「競争」 の意味で 14 世紀前後の借用であり，「人種」の race はフランス 語またはイタリア語から 16 世紀初頭に借用された。このように 英語には別の時代に別の言語から借用されて同音異義語になった ものがある。

3. 古英語の文法　豊かな屈折 (full inflection)

　古英語のもっとも大きな特徴は豊かな屈折変化 (inflection) に ある。屈折変化とは，語そのものが語形変化をして文法機能を果 たすことを指す。たとえば，現代英語の名詞の複数形 -s（たとえ ば cats）は屈折変化のひとつである。She dances every day. の dances の三人称単数現在形 -s も屈折変化であり，動詞の主語が 単数であるという情報を担う。複数の -s も三人称単数現在の -s も古英語期の屈折形が生き残ったものである。

　以下では名詞，動詞，指示詞・定冠詞，形容詞の順に語形変化 を見ていく。なお，古英語と一口に言っても実際には七王国間で 方言にかなりの違いがあった。古英語初期においては，北部は文 化の中心であったが，デーン人による侵入・破壊を受けて文化の 中心は南部に移った。このため古英語とは一般にウェスト・サク ソン方言を指すことが多い。

3.1. 名詞

　古英語の名詞は，(i) 男性・女性・中性という三つの文法性 (grammatical gender)，(ii) 四つの格 (case)，(iii) 強変化

(strong declension) と弱変化 (weak declension) の区別, があった。このため名詞 (の大部分) は男性・女性・中性のどれか, 強変化か弱変化か, で6グループのどれかに属していた。たとえば男性強変化名詞の場合は以下のように変化した。

〈古英語の名詞の語形変化 (強変化男性名詞)〉

強変化	男性名詞 stān (stone)	
	単数	複数
主格・対格	stān	stānas
属格	stānes	stāna
与格	stāne	stānum

　主格 (nominative) とは主語の「〜は・が」に相当し, 対格 (accusative) は (直接) 目的語の「〜を」, 属格 (genitive) は所有格の「〜の」, 与格 (dative) は (間接) 目的語の「〜に」におおむね相当する。主格・対格の複数形 stānas の語尾が -s だが, 現代英語の複数形はこの -s から生まれている。また属格単数形に stānes という形がある。この語尾 -es が現代英語の所有格 's の源である。

　次に同じ強変化でも中性名詞の語形変化は以下のようであった。

〈古英語の名詞の語形変化 (強変化中性名詞)〉

強変化	中性名詞 hūs (house)	
	単数	複数
主格・対格	hūs	hūs
属格	hūses	hūsa
与格	hūse	hūsum

　つまり現代英語では「家へ」を to the house と表現するが, 古

英語では hūse の一語で to (the) house の意味を表した。前置詞に頼る必要がなかった。また複数形では主格・対格なら hūs（家々が・を），属格なら hūsa（家々の），与格なら hūsum（家々へ・に）というふうに形態が変化した。

次に弱変化（の男性名詞）の例を見よう。

〈古英語の名詞の語形変化（弱変化男性名詞）〉

弱変化	男性名詞 oxa (ox)	
	単数	複数
主格	oxa	oxan
対格	oxan	oxan
属格	oxan	oxena
与格	oxan	oxum

現代英語の ox の不規則複数形 oxen は，この表の主格・対格複数形 oxan に由来する。

ここで読者は強変化と弱変化の区別が何に基づくのかという疑問をもつかも知れない。弱変化名詞とは一般に古い屈折変化・語尾が消失したものを指す。語幹が母音であるものが多く，屈折語尾が -(a)n であるものが多い，男性と女性名詞は単数の対格・属格・与格が同形 (-an) のものが多い。たとえば，eye（＝ēage）や sun（＝sunne）は古英語では弱変化名詞である。強変化名詞は逆に古い屈折変化・語尾が残っているものを指す。一般に，主格と対格が（特に中性名詞では）同形である，与格複数が -um で終わる，属格複数の語尾に -a が多い，-ena の語尾が稀にある，などの特徴がある。

さて古英語の名詞には，これ以外にも小変化（minor declension）というパターンがあった。「母音変化複数（mutation plu-

ral)」はそのひとつである。たとえば現代英語の foot は母音変化
複数の名詞のひとつであり，以下の変化をした。

〈古英語の母音複数名詞の語形変化〉

	単数	複数
主格・対格	fōt	fēt
属格	fōtes	fōta
与格	fēt	fōtum

　foot の複数形が feet なのはもともと母音変化名詞であったた
めである。man (= mann) や tooth (= tōþ) も同じタイプの名詞
であり，現代の man–men, tooth–teeth に古い複数形パターンが
維持されている。goose と mouse の複数形がそれぞれ geese と
mice なのも同じ理由である。実は book も古英語では母音変化
複数名詞で bōc–bēċ と変化していたが，後の時代に廃れて規則
的な -s 複数に転じた。

　文法性とはどんな基準でできたのかが気になる，とある学生ら
質問されたことがある。古代人の世界観を反映していたという説
があるが詳細は不明である。なお古英語の名詞の文法性は自然界
の性と一致するものもあれば一致しないものもある。たとえば
man (man(n)) は男性名詞だが wife (wīf) は中性名詞であった。
day は男性，night は女性で water は中性であった。英語の
woman に対応するドイツ語 Frau は女性名詞だが，girl に対応
するドイツ語 Mädchen は中性名詞である。文法性をもつ言語の
間でもときには違いがある。たとえば「橋」を意味するドイツ語
Brück は女性名詞だが，イタリア語 ponte は男性名詞である。

　古英語の名詞には三つの文法性があったが，現代英語はイン
ド・ヨーロッパ語族では例外的に文法性のない言語となってい

る。ラテン語やサンスクリット語も古英語と同じく三つの文法性があったが，（民衆）ラテン語から分岐したフランス語，スペイン語，イタリア語では男性と女性の二つの文法性になっている。近代語では一般に文法性を含めて屈折変化を簡略化させたものが多いが，ドイツ語やロシア語は今でも三つの文法性を保持している。

3.2.　動詞

　古英語の動詞では，主語の人称・数に呼応した語形変化，時制（現在・過去）や法（直説法・接続法）に豊かな屈折変化が表れていた。加えて古英語には強変化動詞と弱変化動詞の区別があった。

　以下は強変化動詞（bind）と弱変化動詞（hear）の直説法の語形変化である。なお直説法とは「昨日，私は鳥を捕まえた」とか「後で母に会う」のように話し手が事実ととらえた事態を表す動詞形態である。

〈古英語の動詞の語形変化（強変化と弱変化）〉

動詞	強変化 bindan（＝bind）			弱変化 hīeran（＝hear）
			直　説　法	
現在	単数	1 人称	binde	hīere
		3 人称	bindeþ	hīer(e)þ
	複数		bindaþ	hīeraþ
過去	単数	1 人称	band	hīerde
	複数		bundon	hīerdon

　bind は強変化で hear は弱変化となっているが，強変化と弱化の違いは発音でわかる。強変化の動詞の過去形では母音を変化

させる。これに対して，弱変化では動詞の過去形を語尾に /d/ や /t/ の音を加えて表す。一般的には現代英語の不規則動詞は古英語の強変化動詞に，規則動詞は弱変化動詞にそれぞれルーツがある。

　古英語には以下のように豊かな接続法があった。

接　　続　　法

			強変化 bindan (＝bind)	弱変化 hīeran (＝hear)
動詞				
現在	単数	1人称	binde	hīere
	複数		binden	hīeren
過去	単数	1人称	bunde	hīerde
	複数		bunden	hīerden
命令法	単数		bind	hīer
	複数		bindaþ	hīeraþ
	不定詞		bindan	hīeran

　接続法とは「彼に会えますように」とか「明日晴れたらいいな」など願望・望み・祈りなどの非現実の事態を示す動詞形態である。現代英語にも接続法がないわけではない。たとえば If I were you (もし私が君だったら) の were や，Be it ever so humble there's no place like home (どんなに質素なものでも我が家にまさる場所はない) いう決まり文句の be は接続法の表現である。しかし現代英語の接続法は動詞の過去形や原型と見分けがつかなくなっている。動詞の命令形 (たとえば Be happy!) と動詞の原型 (I'll be back.) は同形である。しかし古英語では両者が区別され，動詞の命令形に単数と複数の区別があった。

3.3. 指示詞・定冠詞

現代英語では The man killed the bear. は「男が熊を殺した」の意味だが，主語と目的語を入れ替えて The bear killed the man. と言うと「熊が男を殺した」という逆の意味になる。ところが古英語では以下のように主語と目的語を入れ替えても意味が変わらない。

Se mann slōh þone beran.

(The man killed the   bear)

= Þone beran slōh se mann

(The bear killed the man)

理由は se mann という語形が必ず主格つまり「その男が」を意味し，þone beran は必ず対格つまり「その熊を」を意味したためである。文法関係は語順ではなく基本的に語形が表していた。

次は古英語の指示詞・定冠詞の語形変化表である。

〈古英語の指示詞・定冠詞の語形変化〉

	単数			複数
	男性	女性	中性	
主格	se	sēo	þæt	þā
対格	þæs	þǣre	þæs	þāra
属格	þǣm	þǣre	þǣm	þǣm
与格	þone	þā	þæt	þā
具格	þȳ	þǣre	þȳ, þon	—

たとえば 2.2 節で読んだマタイ伝の「砂の上に家を立てた男」のテキストは，"Se wīsa wer"（= The wise man）で始まってい

た。この se は単数・男性・主格の形である。下から 2 行目の
"... þæt hūs fēoll"（= the house fell）の þæt は，単数中性名詞
の主格か与格のいずれかであるが，ここでは文脈から主格と判断
される。なお，þæt という形は中性名詞にしか使われないので
hūs（house）が古英語では中性名詞であったことがわかる。

　古英語の指示詞・定冠詞のシステムは，具格（instrumental
case）を除くと現代ドイツ語の定冠詞のそれと同じである。具格
とは手段，方法，材料等を示す格であり，現代英語では主に
with, by, of などの前置詞で表される。The sooner the better（早
ければ早いほど良い）という英語の決まり文句がある。この the を
英和辞典では「副詞用法」などと解説するが，古英語では具格で
あった。

3.4.　形容詞

　現代英語では good wind の wind を複数の winds に変えても
good のままである。さらに主語でも目的語でも good winds で
正しい。しかし古英語では形容詞の形も変わった。さらに主格か
否かでも形容詞の形が変化した。たとえば，the good wind が主
格単数（「良い風が」）なら se gōda wind だが wind が複数なら
þā gōda windas となった。さらに，the good wind が対格（「そ
の良い風を」）なら se gōda wind ではなく þone gōdan wind と
なった。

　以下は古英語の形容詞の屈折変化表（弱変化）である。

〈古英語の形容詞の語形変化（弱変化）〉

形容詞 gōd（good）

弱変化

		男性	中性	女性
単数	主格	gōda	gōde	gōde
	対格	gōdan	gōde	gōdan
	属格	gōdan	gōdan	gōdan
	与格	gōdan	gōdan	gōdan
複数	主格・対格		gōdan	
	属格		gōdena（gōdra）	
	与格		gōdum	

　この表は，古英語の形容詞が名詞の単数・複数，格，そして名詞の性に呼応してどのように語形を変化させたかを示すものである。

　弱変化と上の表にあるが，古英語の形容詞には強変化と弱変化の区別があった。しかし名詞の場合とは異なり，（わずかな例外を除き）ほぼすべての形容詞は強変化と弱変化の両方の屈折をした。理由は，強変化と弱変化の区別が統語環境により決まっていたためである。たとえば，上で the good wind の主格単数（「良い風が」）は se gōda wind であると述べたが，ここでは形容詞 gōda に se が先行するために弱変化形となっている。そうでなければふつう強変化形（たとえば，主格単数なら gōd）になる。

3.5. 人称代名詞

　次に古英語の人称代名詞の屈折形を 1 人称，2 人称，3 人称の順に並べよう。

〈古英語の人称代名詞の語形変化〉

1 人称

	単数	両数	複数
主格	iċ（＝I）	wit	wē
対格	mē	unc	ūs
属格	mīn	uncer	ūre
与格	mē	unc	ūs

2 人称

	単数	両数	複数
主格	þū	ġit	ġē
対格	þē	inc	ēow
属格	þīn	incer	ēower
与格	þē	inc	ēow

3 人称

	単数			複数
	男性	中性	女性	すべての性
主格	hē	hit	hēo	hīe
対格	hine	hit	hīe	hīe
属格	his	his	hi(e)re	hi(e)ra
与格	him	him	hi(e)re	him

　現代英語の "I" は 1 人称代名詞単数主格 ic に由来する。ただし古英語では「イッチ」とか「イーチ」と発音されていたと推定される。現代英語の you は 2 人称代名詞複数与格の ēow に由来する。つまり you の原義は「あなた」ではなく「あなたたちに・へ」である。2 人称代名詞単数主格に þū という形がある。これは後に thou に表記が変わり，シェイクスピアの時代には you と

併用されていた。しかし thou は 19 世紀以後徐々に廃れた（I と you の変遷については第 II 部第 3 章を参照）。

古英語の人称代名詞については次の 3 点が特筆に値する。第一は，1 人称と 2 人称にある両数（dual）である。双数とも言うが「私たち 2 人」「あなたたち 2 人」を指す人称代名詞である。両数があったのは古英語に限らないが多くの近代語で消失し，古英語の両数も中英語期に消失している。現代でも両数を残しているのはアラビア語やスロベニア語などである。第二は，名詞と比べると人称代名詞の屈折形は現代英語にある程度保存されている点である。現代の 1 人称パターン I-my-me-mine / we-our-us-ours や 3 人称パターン he-his-him-his の萌芽をこの表の中に見ることができる。第三に，古英語の 3 人称複数人称代名詞は hīe, hīe, hi(e)ra, him だが，すべて古ノルド語の they, them, their に取って代わられたことである。[2]

現代英語はしばしば「失われた屈折」（lost inflection）と特徴付けられるが，人称代名詞に関しては必ずしもこの指摘は当てはまらない。両数を失ったことと 2 人称の語形をいくつか失ったことを除けば現代英語の人称代名詞は古英語の屈折変化をかなり保持している。

4. ベオウルフ（Beowulf）：古英語の叙事詩

ベオウルフは，3182 行からなる古英語最大の叙事詩であり，8 世紀頃にデンマーク人の聖職者によって書かれたと考えられて

---

[2] なお，3 人称単数女性形に heo という形がある。現代英語の she の由来は明確にわかっていない。

いる。第1部では若き英雄ベオウルフが14人の勇士と共にデンマークの王を悩ます食人鬼グレンデルを倒し、第2部では王となった老ベオウルフが竜を退治するがその怪我でみずからも命を落とす話となっている。英雄たちの勇気と知恵、生と死、忠誠心をこの叙事詩は朗々と歌いあげている。

　以下はベオウルフの第1部のテキストの出だしの部分である。

1.　The Passing of Scyld

Hwæt, wé Gárdena　　in géardagum

þéodcyninga　　þrym gefrúnon,

hú ðá æþelingas　　ellen fremedon.

〈現代英語訳〉

Lo! We heard of the glory of the kings of the people,

of the Spear-Danes, in the days of yore,

how the princes performed the deeds of valour!

（原文と現代英語訳共に鈴木重威（1976）『古代英詩　ベオウルフ』研究社、pp. 2-3 より）

　二つのテキストを比べると、古英語と現代英語の文法の違いが語数に端的に表れている。古英語の語数は13だが、現代英語訳では同じ内容を表すのに28語を費やしている。古英語は屈折が豊かなのでひとつの語に複雑な概念が含まれるが、現代英語は屈折が貧しく前置詞などを多用せざるを得ない。このため表現が分析的になる。

　次に叙事詩という視点から言えば、ベオウルフのテキストには、頭韻（alliteration）、中間休止（caesura）、代称（kenning）という古英語の詩に特有の特徴がある。頭韻とは一連の数語が同音

で始まることにより文体効果を上げる技法である。1行目の Gárdena と géardagum，2行目の þéodcyninga と þrym はその一例である。Money makes the mare to go.（金は馬でも歩かせる＝地獄の沙汰も金次第）という英語の諺も頭韻（money, makes, mare）が含まれていて記憶に残りやすい。中間休止とは行の中間にある休止であり，代称とは一つの名詞を複合語や語群で隠喩的に表す技巧である。たとえば「海」を sǣ（＝sea）と言わずに「クジラの道」（hronrād(e)（＝whale-road））とか「カツオ鳥の浴槽」（ganotes bǣþ（＝gannet's bath）），船を oar-steed「馬の漕ぎ手」などと表現することを指す。

　頭韻も中間休止も代称も，古英語に限らず古期ゲルマン語の詩では盛んに用いられていた。なお代称は修辞的技巧だけではなく頭韻のためでもあった。たとえば上記のベオウルフのテキストの10行目は次のようになっている。

　　　　Ofer　hronrāde　　hyran scolde,
　　　（across　whale-road　hear　　should）

ここで「海」を hronrāde と表現することにより hyran と頭韻を踏むことになる。

　文法的には，古英語は豊かな屈折の言語であり，現代英語は失われた屈折（lost inflection）の言語と言われる。むろん上述したように現代英語は屈折をすべて失ったわけではないが，インド・ヨーロッパ語族の言語のうちでもっとも非屈折的な言語であるのは確かである。

　この章の要点：
　・英語の誕生のきっかけは5世紀半ばのアングロ・サクソ

ン人のブリテン島侵入だが，英語史では西暦 700 年頃から 1100 年頃までの英語を古英語と呼ぶ。

・古英語は語彙の大半がアングロ・サクソン語であり，現代英語の日常語・基本語にはアングロ・サクソン語が多い。

・古英語期にはキリスト教化がラテン語借用語とローマン・アルファベットをもたらし，ヴァイキングの侵入・定住が古ノルド語の借用語をもたらした。

・古英語の文法は豊かな屈折をしていた。名詞，動詞，指示詞・定冠詞，形容詞，人称代名詞がそれぞれ複雑な語形変化をしていた。このうち人称代名詞だけが現代まで語形変化の多くを残している。

第3章　中英語（**Middle English**）

　中英語とは1100年頃から1500年頃までの英語を指す。中英語期（およびその前後）に起こった主要な出来事は以下のようになる。

　　　　〈中英語期（Middle English）の主な出来事〉

1066　　　　ノルマン征服（Norman Conquest）

1362　　　　議会の開催で英語が初めて使われる　英語の復権

1384–1395　ウィクリフ（Wyclif）による聖書の英語訳

1387–1400　チョーサー（Geoffrey Chaucer）のカンタベリー物語（The Canterbury Tales）

1476　　　　ウィリアム・カクストン（William Caxton）が活版印刷を始める

（1337〜1453 フランスとの百年戦争，1348〜1349 ペストの大流行）

1.　ノルマン征服　二言語国家

　ノルマン征服とは，北フランスのノルマンディー公国のウィリアム（1 世）による 1066 年のイギリスの征服を指す。

　デーン人は古英語期にイングランドに侵入し定住したが，別のデーン人一派は北フランスのノルマンディーに侵入して定住しノルマンディー公国を作った。かれらはやがてフランス文化に同化した。さて 11 世紀のイングランドにはエドワードという王 (Edward the Confessor「懺悔王」と呼ばれた）がいたが子なしに没すると義弟のハロルド 2 世が即位した。するとノルマンディー公ギョーム（後にウィリアム 1 世に改名）は，自分はエドワード王の血縁であり生前に王位継承を約束されていたと主張し，ノルマン騎士軍を率いて 1066 年イングランドに侵入した。そのもっとも有名な戦闘が 10 月 14 日のイングランド南部のヘイスティングス (Hastings) で行われた。

　筆者はこの古戦場を訪れたことがある。現在はイギリスを代表する観光地となっているが，そこで手にしたパンフレットにはノルマン征服が次のように解説されていた。

ENGLISH HERITAGE

Welcome to the historic site of the Battle of
Hastings and the abbey, built by William the
Conqueror as a monument to the thousands
who died here on 14 October 1066

The most famous and the most important battle in
English history took place on the grounds where you
now stand. It was the last successful military invasion

of England and transformed the country forever.

イギリスの遺産

ヘイスティングスの戦いの史跡と 1066 年 10 月 14 日にこの地で命を落とした数千の人々の記念碑として征服王ウィリアムが築いた大修道院へようこそ。

イギリス史上もっとも有名でもっとも重要な戦闘があなたが今立っている大地の上で繰り広げられました。この戦いはイングランドが被った最後の軍事侵入でありこの国の歴史を永久に変容させました。　　　　（日本語訳は筆者）

　ノルマン征服が変容させたのはイギリスの歴史だけではない。英語も一変させた。ノルマン征服の結果，イギリスはフランス語を使うノルマン人の支配下となり，ノルマン・フレンチと呼ばれるフランス語がイギリスの公用語となった。イギリスは 300 年近くの間二言語国家の状態となった。

　英語の復権を象徴するのは 1362 年の英語による議会の開催である。その頃には英語は古英語期と大きくその姿を変えていた。中英語の最大傑作とされるチョーサー（Geoffrey Chaucer）のカンタベリー物語（*The Canterbury Tales*, 1387–1400）は，1 万 7 千余行の韻文と長い散文から成る 24 編の物語集であり，ロンドン郊外の宿で同宿したさまざまな身分・職業の人々が旅の退屈しのぎに自分の知っている話を順に語っていく物語である。その冒頭部分を読んでみよう。

THE PROLOGUE

Whan that Aprill with his shoures soote

(When April with its sweet showers)

> The droughte of <u>March</u> hath perced to the roote
> (the drought of March has pierced to the root)
> And bathed every veyne in swich <u>licour</u>
> (and bathed every vein of earth in such liquid)
> Of which vertu <u>engendred</u> is the <u>flour</u>；
> (from whose strength the flower is engendered)

　このテキストは現代英語と 600 年以上の隔たりがある。しかしその姿は古英語よりもはるかに現代英語に似ている。その要因のひとつはフランス語（およびラテン語）の借用語にある。下線がついているのはすべて中英語期の借用語であり，Aprill (＝April) は 14 世紀，March は 13 世紀にいずれもフランス語／ラテン語より借用され，licour (＝liquid) は 13 世紀，engendred (＝engender) は 14 世紀，flour (＝flower) は 13 世紀にそれぞれフランス語から借用されている。もうひとつの要因は古英語の複雑な語形変化の大部分が失われていることである。フランスとラテン語の語彙の多さと簡略化された屈折とは中英語の特徴であると同時に現代英語のもっとも大きな特徴でもある。

2.　中英語 (Middle English) とはどのような言語か

2.1.　古英語と中英語を比べる

　前章の 2.2 節で見た古英語の新約聖書のマタイ伝「砂の上に家を建てた男」を中英語のテキストで見よう。以下は 14 世紀末のウィクリフによる英語翻訳聖書である。

> 中英語（ウィクリフの聖書 1384 頃と 1395 年頃）
> (Therfor ech man that herith these my

42

wordis, and doith hem, schal be maad
lijk to) a wise man, that hath bildid his
hous on a stoon. And reyn felde doun,
and flodis camen, and wyndis blewen,
and russchiden in to that house; and it
felde not doun, for it was foundun on
a stoon. And euery man that herith
these my wordis, and doith hem not, is
lijk to a fool, that hath bildid his hous
on grauel. And reyn cam doun, and
floodis camen, and wyndis blewen, and
thei hurliden aȝen that hous; and it
felde doun, and the fallyng doun therof
was greet.

古英語

Se wīsa wer timbrode his hūs ofer stān. Þā cōm þǣr
micel flōd, and þǣr blēowon windas, and āhruron on þæt
hūs, and hit ne fēoll: sōþlīce, hit wæs ofer stān get-
imbrod.

　Þā timbrode se dysiga wer his hūs ofer sandceosol.
Þā rīnde hit, and þǣr cōm flōd, and blēowon windas,
and āhruron on þæt hūs, and þæt hūs fēoll; and his hryre
wæs micel. （「砂の上に家を建てた男」マタイ伝 7:24-27 より）

（古英語の現代英語訳）

The wise man built his house on stone. Then a great
flood came there, and winds blew there, and fell down

upon the house, and it did not fall: truly, it was built on stone.

Then the foolish man built his house on sand [lit. sand-gravel]. Then it rained, and a flood came there, and winds blew, and fell down upon the house. And the house fell; and its fall was great.

（古英語と現代英語訳は Smith (1999: 160–161) より）

　ウィクリフの英語は上記の古英語を正確に訳したものではないために文体が異なっている。しかし二つのテキストを比べると古英語と中英語について以下の違いが見えてくる。

・古英語の指示詞・定冠詞 se, þæt がそれぞれ the（下から 2 行目の the fallyng doun（＝the falling down））や that（上から 6 行目と下から 3 行目の that hous（＝that house））になっている。

・古英語になかった不定冠詞 a（3 行目の to a wise man, 4 行目の on a stoon）がある。

・古英語の「動詞＋主語」の語順が「主語＋動詞」の語順に変わっている。たとえば古英語のテキスト 1 行目 "Þā cōm þǣr micel flōd"（＝Then came great flood）の部分が中英語では "flodis camen"（＝floods came），古英語の下から 3 行目 "and þǣr cōm flōd, and blēowon windas" が中英語では "and floodis camen, and wyndis blewen"（＝floods came and winds blew）になっている。

・古英語の否定語 ne の代わりに not が使われている（7 と 9 行目）。

・つづりが現代英語に近くなっている。たとえば古英語の

hūs が hous（＝house）に変わり，hit が it に変わっている。

その一方で，ウィクリフのテキストは以下の点で古英語の文法の痕跡をとどめている。

・否定文に not が使われているが助動詞 do は使われてない。現代英語の "it did not fall" を not だけで表現している（"it felde not doun"（＝it fell not down））。
・動詞の屈折が少々残っている。たとえば 5 行目 "and flodis camen, and wyndis blewen"（and floods came and winds blew）では，動詞の語尾（camen と blewen）が複数形の主語と呼応している。

　以上の観察から，少なくとも 14 世紀末には定冠詞 the や指示詞 that，さらに不定冠詞 a が英語に現れ，[1]「主語＋動詞」の語順が優勢になり，さらに語のつづりが現代英語のそれに近づいていることがわかる。その一方で中英語には助動詞 do が未発達であること，屈折変化の痕跡が見えるのも事実である。

2.2.　中英語の語彙

　中英語のもっとも大きな特徴は語彙の増大と屈折の消失（水平化）の 2 点にある。フランス語が 300 年近く公用語としてイギリスを支配したために大量のフランス語が英語に流入した。その数は 1 万語を越える。

---

[1] 英語の冠詞の歴史的変遷については樋口（2009）に詳細な分析がある。

フランス語

　中英語期のフランス語借用語は多岐にわたるが，以下はその一部である。

　　政治と行政　council, court, duke, government, liberty,
　　　　　　　　majesty, noble, parliament, prince, sir, tax
　　宗教　abbey, cathedral, charity, confess, creator, mer-
　　　　　cy, miracle, prayer, religion, saint, virtue
　　法律　accuse, arrest, attorney, blame, crime, evidence,
　　　　　fine, gaol, heir, judge, jury, justice, sue
　　軍事　army, battle, captain, combat, defend, enemy,
　　　　　guard, lieutenant, navy, peace, soldier, spy
　　ファッション　brooch, cloak, collar, diamond, dress,
　　　　　　　　　fashion, gown, jewel, pearl, robe
　　食べ物と飲み物　bacon, beef, biscuit, dinner, gravy,
　　　　　　　　　　mutton, pork, roast, salad, supper,
　　　　　　　　　　veal, venison
　　学問と芸術　art, beauty, grammar, image, medicine,
　　　　　　　　music, paper, pen, poet, story
　　その他一般　action, certain, chair, city, conversation,
　　　　　　　　easy, flower, face, gay, hour, just, lei-
　　　　　　　　sure, nice, people, please, real, reason,
　　　　　　　　sure, use, very

　これらの借用語は英語にはなかった洗練された事物や制度，概念を指す言葉が多い。フランス語を学ぶとわかることだが，フランス語と英語には共通の単語が多い。たとえば，英語の parent「親」はフランス語でも parent(e) であり，centre（アメリカ英語

では center）はフランス語でも centre である。英語の hour, history，regard はそれぞれフランス語で heure，histoire, regarder である。just, sure, very はフランス語ではそれぞれ juste，sûr(e)，vrai(e) である。これらはすべてフランス語から英語に入ったものである。その逆ではない。なお「共通の単語」とは言っても英語に入ったフランス語は発音が英語化されているものが多い。時には意味にもズレが生じていることも少なくない。

　フランス語の大量流入は，英語にたくさんの類義語をもたらした。たとえば freedom と liberty はいずれも「自由」を表すが，前者は英語本来語で後者はフランス語借用語である。ニューヨーク市のマンハッタンの沖合にそびえる「自由の女神像」は Statue of Liberty だが，「表現の自由」は freedom of speech である。

　英語では動物とその肉を指す別々の語彙がある。chicken は動物もその肉も表すが，牛は cow, bull, ox で牛肉は beef である。豚は swine, pig だが豚肉は pork である。羊は sheep だが羊肉は mutton，子牛は calf だが子牛肉は veal である。これらの動物を指す語彙はすべて英語本来語であり，肉を指す語彙はすべてフランス語である。本来語の語彙は「卑近，日常的，庶民的」な響きを持ち，フランス語系は一般に「洗練，上品」な響きを持つため，フランス語ではふつうの日常的な語彙が英語の中ではしばしば高級化されている。たとえば，アメリカのデパートやスーパーの洋服売り場で "petite woman" というコーナーを見かけることがある。petite は「小柄で華奢な」の含意があるため "small woman" と比べ響きが良い。フランス語の中では petit(e) はただ「小さい」という意味でしかない。フランス語の regarder もふつうの「見る」という動詞であり，英語の look に近い。「ほら見

て！」をフランス語では "Regardez!" と言う。英語の regard は
She regarded New York as her base（彼女はニューヨークを自分の
拠点と考えている／みなしている）などの様に知的な意味で使われ
る。

　以下に英語系とフランス語系の類義語のペアーを数例挙げる。

英語系	フランス語系
ask	demand
begin	commence
help	aid
think	consider
house	mansion
hut	cottage
wish	desire
smell	odor, scent

　ask と demand, begin と commence, think と consider, hut
と cottage などの類義語には「庶民性」と「洗練性」の対比が容
易に見られる。日本の「マンション」は集合住宅を意味するが英
語の mansion はふつう「大邸宅」を意味する。英語系とフラン
ス語系という二つの語彙系列は和語と漢語に対する日本人の感覚
とよく似ている。和語は素朴であり漢語は知的である。冷静に知
的に語る時は漢語に頼るが，和語は心や感情を直接伝える。「助
ける」と「救助する」の違いを考えて見よう。日本人なら自分が
溺れている時に「助けて」と叫ぶが「救助して」とは言わない。
「救助」は他人事に響く。これと同じように英語系の言葉は外来
系より英米人の心に訴える。日本語の「助けて！」に対応する英
語は "Help!"（英語系）である。アメリカの第35代大統領ジョ

ン・F・ケネディはその有名な就任演説にて英語本来語で強く聴衆に訴えている。

> My fellow Americans: Ask not what your country
> can do for you, ask what you can do for your country.
> —My fellow citizens of the world: ask not what
> America will do for you, but what together we can do
> for the freedom of man.

ここで country と citizens 以外はすべてアングロ・サクソン語である。[2]

　フランス語の影響は英語のスペリングにも及ぶ。さきほど古英語の hūs（＝house）が中英語では hous（＝house）とつづられているのを見た。これは中英語期の写字生の多くがノルマン・フレンチであったために英語をフランス式に変えたためである。中英語期（下では ME と表記）にフランス語式に変えられたのは以下のような単語である。

OE c 　→ ME ch 　例 cin → chin

OE cw → ME qu 　例 cwen → quen → queen

OE h 　→ ME gh 　例 riht → right

OE hw → ME wh 　例 hwaet → whaet → what

OE s 　→ ME c 　　例 is → yce / ice

OE u 　→ ME ou 　例 hūs → hous → house,
　　　　　　　　　　　　wund → wound

---

[2] America は固有名だがイタリア人冒険家のラテン語名に由来すると言われる。

　現代英語の right はもともと riht とつづられ「リフト」と発音されていた。中英語期に right とつづられるようになっても発音はそのままであった。しかし後の時代に語幹の発音が二重母音になり現在の「ライト」の発音になった。house も hūs → hous とスペリングが変化したが発音に変化がなかった。ところが後の母音変化で ou が二重母音化し「ハウス」の発音になった。古英語では /k/ の音を c で表していたため queen は cwen とつづられていたが，中英語でフランス式の quen に代わり，その後母音変化があり queen になった。この結果，現代英語では /k/ の音が k（たとえば kick, kit），c（たとえば clean, cup），qu（たとえば queen, quick）など複数の文字で表される。一音が一文字に対応したら英語学習が楽だろうが，これらの不可思議に見えるスペリングは英語がたどって来た複雑な歴史の産物である。

ラテン語

　中英語期にも古英語期と同じくラテン語が英語に入って来た。それは当時のヨーロッパの僧侶や知識人の共通語であり，ラテン語がヨーロッパでは現在の英語のような役割を果たしていたためである。とりわけ 14 世紀のラテン語聖書の英訳は以下のようなラテン語を英語にもたらした。

> conspiracy, contempt, distract, frustrate, genius, gesture, include, incredible, individual, infancy, intellect, interrupt, magnify, necessary, nervous, picture, polite, popular, prevent, reject, solar, substitute, ulcer

全体としてこれらの語彙は知的であり難解である。14 世紀か

ら16世紀のイギリスの文人達の間ではことさら仰々しいラテン語を使うことが流行し，過剰とも思われるラテン語の氾濫は時にinkhorn terms（インク壺言葉）と揶揄されることがあった。当時の借用語の中には廃用となったものも多いが，結果的に英語の語彙は膨大に増えて英語の表現を豊かで多彩なものにした。たとえば ask は英語本来語だが question はフランス語で，interrogate（尋問する）はラテン語である。また time は英語本来語，age はフランス語，epoch はラテン語である。このように英語の語彙は大衆的なアングロ・サクソン語，洗練されたフランス語系ともっとも学識のあるラテン語，の三層構造を持っている。[3]

　最後に，フランス語とラテン語は借用語彙のみならず数多くの混種語（blend）を英語にもたらした。混種語とは，互いに系統が異なる要素が組み合わさった語である。たとえば beautiful という形容詞は beauty という名詞と -ful という接尾辞でできているが，前者はフランス語で後者は英語系である。shortage は short が英語本来語で -age はフランス語系の接尾辞である。drinkable は英語系の drink とラテン語系の接尾辞 -able の混種語である。第13章で扱うが，player や browser の -er，happiness や loneliness の -ness，daily や weekly，friendly の -ly は英語系の接尾辞であるが，activity や mileage の -age や facial や official の -ial はフランス語系の接尾辞である。接辞は一般に同じ系統の要素と結びつく傾向がある。kind の名詞形が kindness であり *kindity ではないのはこのためである（第13章を参照）。

---

[3] 英語語彙の三層構造については堀田（2006: 114–117）に詳しい解説がある。また堀田は日本語語彙に和語，漢語，西洋語からなる三層構造があると指摘する。

3.　中英語の文法　屈折の水平化

　古英語とは豊かな屈折をもつ言語であったが，中英語期には屈折の大半を消失した。つまり屈折の水平化が起こった。以下では中英語の名詞，動詞，指示詞・定冠詞，形容詞，人称代名詞を見ていく。

　名詞は古英語では，(i) 男性・女性・中性の三つの文法性，(ii) 四つの格，(iii) 強変化と弱変化，の区別があった。しかしこれらはおおむね中英語の末期までに消滅した。たとえば，古英語の強変化男性名詞 stān（＝stone）の語形変化は中英語末期までに以下のように単純化した。

古英語	中英語末期		
	単数		
主格・対格	stān	→	stoon
属格	stānes	→	stoones
与格	stāne	→	stoon(e)
	複数		
主格・対格	stānas	→	stoones
属格	stāna	→	stoones
与格	stānum	→	stoones

　つまり古英語の単数の主格・対格 stān は stoon に，属格は stānes は stoones に，与格 stāne は stoon(e) になり，主格・対格・与格の区別が希薄になった。また複数はすべての格が stoones に統一され，語形変化は属格の -es（＝'s）と複数の es（-s）のみが残され，古英語にあった名詞の 6 グループの区別は消滅した。なお，古英語の母音交替複数形名詞の一部は中英語

以降も古い複数形を維持したが（たとえば foot, goose, man など），book や night は類推で -s 型の規則複数に変わった。

　動詞は，古英語では主語の人称・数に呼応して時制（現在・過去）や法（直説法・接続法）を表していたが，中英語期には人称の区別も接続法も単純化した。古英語の強変化動詞と弱変化動詞の区別は中英語でも維持されたが，多くの強変化動詞が弱変化に変わっている。たとえば，float, flow, leap, mow, smoke, sneak, sow は古英語では強変化だったが弱変化動詞に変わった。さらに中英語期（およびそれ以後）に借用された動詞，たとえば consider, examine, preach, question, use, wait などのフランス語由来の動詞，はほぼすべて弱変化動詞になった。このため英語の弱変化動詞の数が大きく上昇した。なお help は古英語では強変化動詞であったが中英語に弱変化に変わった例外的な動詞である。

　なお，現代英語の動詞の三人称単数現在の -s は古英語の屈折の名残だが，これは中期英語の北部方言の -es に起源がある。文化の中心であった南部方言の -eþ ではなく，なぜ北部方言の -es が現代に残ったのかについては謎とされている。

　さて古英語の動詞は多くの動詞が強変化から弱変化に変わったが，強変化のままの動詞があることを述べた。弱変化に変わった動詞とそうでない動詞の間に何か違いがあるのだろうか。。たとえば，なぜ drink, drive, fall などは強変化のままだったのだろうか。アメリカの歴史言語学者・認知言語学者バイビー（Joan Bybee）は，これは動機があり，両者を分けたのは使用頻度の差にあると主張する。バイビーは強変化のままの動詞と弱変化になった元強変化動詞の使用頻度を調査した。以下はそのデータの一部である。

水平化した強変化動詞と水平化しなかった強変化動詞の頻度

強変化動詞		弱変化になった 強変化動詞	
1 類			
drive	208	bide	1
rise	280	reap	5
rise	150	slit	8
write	599	sneak	11
shine 35（部分的に水平化）			
平均頻度	273.00	平均頻度	6.25
2 類			
choose	177	rue	6
fly	119	seethe	0
shoot	187	smoke	59
lose	274	float	23
flee	40	shove	16
平均頻度	159.40	平均頻度	32.50

（Bybee（2007: 28）の Table 2.3 より）

　調査対象は現代英語だが，バイビーは古い時代でもこれらの語彙の相対的な使用頻度はあまり違いがないと推定する。つまりこの表が示すのは，強変化のままの動詞は弱変化になった動詞と比べ日常生活で圧倒的に使用頻度が高いという事実である。ではなぜ高い使用頻度が言語の変化（類推による水平化）を阻止するのだろうか。それは繰り返しが記憶を強化するためとバイビーは指摘する。日常的に繰り返し使う言葉を人々は忘れない。たとえば drive のような動詞は日々の生活でいつも使うので話者は過去形

が drove であることを忘れない。対照的に使用頻度が低い動詞は記憶が強化されないため話者は不規則な語形変化を忘れやすい。語形変化をすぐに思い出せない動詞に話者は弱変化を適応させる傾向がある。つまり「使用頻度の高い動詞ほど類推による水平化に抵抗する」というのがバイビーの論点であり，これを使用頻度の保存効果と呼んでいる。もしこの主張が妥当なら，人称代名詞が古英語の複雑な屈折を残しているのも be 動詞が複雑な am-are-is などの屈折を残しているのも使用頻度の高さにより説明できる可能性がある。

　指示詞・定冠詞は，古英語期には主格 se, sēo, þæt, þā, 与格 þone, þā, þæt, þā, 具格 þy, þære, þȳ, þon など計 14 の異形をもっていた。しかし紆余曲折を経て中英語末期までには，þe（= the），þat（= that），þo（= those）の三つの形だけが残った（家入（2016: 58））。つまり名詞と同様に指示詞・定冠詞も格や文法性の区別が失われていった。

　屈折の減少は形容詞でも顕著である。古英語の形容詞は名詞の単数・複数，格，名詞の性に呼応して語形をさまざまに変化させた。さらに統語環境により強変化と弱変化の区別があった。しかし中英語期では大きく単純化され，単純化のスピードは北部と中部が南部より速かったと一般に考えられているが，末期までにはほぼ無変化になっていた。たとえば，古英語の形容詞 gōd（= good）は弱変化単数の主格では gōda（男性），gōde（中性・女性）と変化し，与格は gōdan（男性・中性・女性），複数は gōdan（主格・対格），gōdena（gōdra）（属格），gōdum（与格）などと変化していた。しかし中英語末期には good や goode の形しか見られない。たとえば 14 世紀末に書かれたカンタベリー物語を見よう。

with his sweete breeth（＝with his sweet breath）

the yonge sonne（＝the young sun）

And smale fowles（＝And small birds）

with open eyes

　形容詞の sweete, yonge, smale, open の語尾が単純化されている。

　人称代名詞については，古英語にあった1人称と2人称の両数を失くした。これは重要な変化だが，他の面では古英語の屈折変化の大部分が保持されている。以下は1人称代名詞の変遷である。

〈古英語から中英語への1人称代名詞の変遷〉

1人称

単数

	古英語		中英語
主格	iċ（＝I）	→	ich, i, ik, ic
対格	mē	→	mē
属格	mīn	→	mīn, mī
与格	mē	→	mē

　この表が示すように古英語から中英語になってもあまり変化がない。古英語の主格 ic が ich, i, ik, ic になったくらいである。1人称複数では oure と ous が加わったが古英語の we, ure, us のパターンを維持している。

　2人称も両数を失くした点を除き古英語とほぼ同じである。つまり2人称単数の þū, þē, þīn, þē のパターンはそのまま維持されている。新しい点は，þou（後の thou）の形が主格に現れ，

þī（後の thy）が属格に現れ，you が現れていることである。

　3 人称でも古英語の語形はおおむね維持された。古英語の単数男性の hē, hine, his, him のパターンのうち hine は廃れるが hee, him, his のパターンが残り，古英語の中性単数 hit が it ともつづられるようになる。古英語の女性形のパターンは hēo, hīe, hi(e)re, hi(e)re だったが，主格に scho/she が現れ，他の格は hir（= her）に統一された。

　最後に 3 人称複数は英語系の hy, hem, her と並行して古ノルド語の thai, thaim, their が使われている証拠がカンタベリー物語に見られる。

> And specially from every shires ende
> （And especially from the end of every shire）
> Of Engelond to Canterbury they wende,
> （of England to Canterbury they go）
> The hooly blisful martir for to seke,
> （the holy blissful martyr to seek）
> That hem hath holpen whan that they were seeke.
> （who them has helped them when they were sick.）
>
> （General Prologue の 15 ～ 18 行目）[4]

　3 人称複数代名詞の主格 they が 2 行目と最終行で使われている。一方で英語本来の 3 人称複数代名詞の対格 hem が最終行で使われている。少なくとも 14 世紀後期では古ノルド語系と英語

---

[4] "And especially from the end of every shire of England they go to Canterbury to seek the holy blissful martyr who has helped them when they were sick."（そしてとりわけイングランドのすべての州の片隅から人々は病の時にかれらを救った聖なる幸福の殉教者を求めてカンタベリーに旅立つ）

系の2種類が併用されていたことがわかる。

　なお，2行目に wende という動詞がある。これは現代英語の go の過去形 went の現在形である。現在形のほうは現代ではほとんど使われず，英語辞書には「古語・文語」などと記載されている。

なぜ大きな文法変化が起こったか

　これまでいかに古英語から中期英語に屈折の水平化という大きな文法変化が英語に起こったかを述べてきた。しかしなぜかを述べていない。文法の大変化を起こした要因は何だろうか。これまで内部要因説と外部要因説が提案されている。簡単に紹介すると，内部要因説とは，英語が早くから内在的に語尾屈折にあまり依存せずに機能語を使う分析型の言語に向かう傾向がある，というものである。その一方で，外部要因説には二つある。フランス語説と古ノルド語説である。

　フランス語説とは，ノルマン征服の影響でフランス語が300年近くイギリスの公用語となったため古英語の屈折の水平化が引き起こされた，というものである。もう一つの外部要因説は古ノルド語説である。デーン人はイギリスに定住したが，英語と古ノルド語は互いに近親性があり語幹が共通で語尾の異なる語彙が多い。このためアングロ・サクソン人とデーン人がコミュニケーションを取る時に語尾を簡略し始め，これが習慣化されて屈折の水平化を導いた，という説明である。近年もっとも有力とされているのはこの古ノルド説である。フランス語説が下火になった理由は，ノルマン征服以後のイギリス社会でフランス語を使っていたのは一握りのノルマン・フレンチ貴族でありその人口は1万人に満たなかったことと，下流とは言え英語は一般大衆の間で使

い続けられていたこと，が挙げられる。大量のフランス語の流入は英語の語彙に多大な影響を与えたが，英語の文法に与えた影響は少なかったというのが現在の主流の考え方である。もっとも中英語期における屈折の水平化の要因が古ノルド語との言語接触という説が妥当かどうかは，さまざまな他言語における屈折の水平化と言語接触の関係を調べないとわからない。

　なお，動詞の語尾の水平化は中英語だけに見られるわけではない。それは古英語の時代にも見られ，さらに英語以外のゲルマン語にも見られる現象である。松本（1991）によると古ゲルマン語のゴート語にはラテン語などインド・ヨーロッパ語族の古語に見られる人称標示が維持されていたが古英語では複数の人称区別は失われていた。また近代のゲルマン語派のいくつかの言語でも動詞の人称標示の大部分が失われている。オランダ語では動詞の複数形はすべての人称が同形であり，デンマーク語では動詞の屈折変化が完全に失われていることを松本（1991）は指摘する。

　この章の要点：

・中英語とは 1100 年頃から 1500 年頃までの英語を指す。中英語のきっかけは 1066 年のノルマン征服である。

・ノルマン征服以後のイギリスは 300 年近くの間，（ノルマン）フランス語が公用語となり，フランス語と英語の二言語国家となった。

・ノルマン征服はフランス語の大量流入を招き，英語にフランス式のスペリングをもたらした。フランス語に加えてラテン語からの借用も英語の語彙を増やした。

・中英語の最大の特徴はフランス語を中心とする語彙の増大と屈折の水平化である。人称代名詞を除くと古英語の名

詞，動詞，指示詞・冠詞，形容詞の複雑な語形変化は大方
失われた。屈折の消失の主な要因は古ノルド語との言語接
触と考えられている。

第4章 初期近代英語 (**Early Modern English**)

　初期近代英語 (Early Modern English) とは，1500 年頃から 1700 年頃までの英語を指す。これに続く 1700 年頃から 1900 年頃の英語は後期近代英語 (Late Modern English) と呼ばれる。初期近代英語の特徴は，語彙の増大と発音の大変化にある。語彙の増大は，中英語ではフランス語が主であったが，初期近代英語のそれは古典語（ギリシャ語とラテン語）そして世界の各国語からのものである。発音の大変化とは，中英語末期（15 世紀半ば）から初期近代英語にかけて長母音に起こったとされる「大母音推移 (The Great Vowel Shift)」である。

　初期近代英語を語るにはまずルネッサンス (Renaissance) が英語に与えた影響から話を始める必要がある。

1.　ルネッサンス (Renaissance) と英語

　ルネッサンス (Renaissance) とは再生を意味するフランス語であり，その源はラテン語の renascor (＝ to be born again) に

ある。ルネッサンスをひと言で言えば，イタリアのフィレンツェ
を中心とする 14 〜 16 世紀のヨーロッパの人文主義と古典文化
復興運動である。ギリシャ・ローマの古典文化を理想としてそれ
を復興させつつ新しい文化を生み出そうとする運動であり，思
想，文学，美術，建築など多方面にわたったが，英語を含めヨー
ロッパの各国語の発展に大きく寄与した。イタリアのルネッサン
スは 16 世紀前半に下火となったが，ヨーロッパの北部，つまり
フランス，ドイツ，ネーデルランドそしてイギリスなど広範囲に
広がり，そこでは聖書研究を通じて宗教改革の運動に連なって
いった。ちなみにイタリア・ルネッサンスの完成者とも言われる
ダ・ヴィンチ (Leonardo da Vince) は 1452 年生まれ 1519 年没，
ドイツの宗教改革者ルター (Martin Luther) は 1483 年生まれ
1546 年没である。これに対してイギリス・ルネッサンスの代表
的作家と言われるシェイクスピアは 1564 年生まれ 1616 年没で
ある。つまりイタリア・ルネッサンスとイギリス・ルネッサンス
には 100 年以上の隔たりがあることになる。

　イギリスのルネッサンスは 1500 年ごろから 1649 年（クロム
ウェル (Cromwell) 率いる清教徒政権樹立）までとされる。16
世紀から 17 世紀のヨーロッパはルネッサンスと大航海の時代で
あり，これらが英語に与えた影響は少なくとも次の 4 点にある。
第一に，古典文化復興運動によりギリシャ・ローマの古典が英訳
された。ところがギリシャ語やラテン語に対応する語彙が英語に
は欠けていたため，古典語の語彙がそのまま数多く英語に取り込
まれ英語の語彙を増加させた。

　第二に，交通の発達により，人々は以前より安全にかつ短い時
間での移動が可能になった。また大航海の結果は遠い世界との交
流を活発にし，その結果各国語からの借用語が急増した。

　第三に，グーテンベルグによる印刷の発明により15世紀末のヨーロッパでは印刷が広まっていた。イギリスではカクストン（William Caxton）が1476年頃にロンドンに印刷所を作り，チョーサーのカンタベリー物語を始め多くの書物が印刷された。印刷術は書物の大衆化と共に英語のスペリングと文法の統一を促した。

　第四に，教会とラテン語の衰退は英語の発展をもたらした。ルネッサンスにおける教会とラテン語の絶対的力の衰退によりそれまで地位の低かった各国語の地位が向上した。

2.　語彙の増大　古典語と各国語

　上で述べたように初期近代英語のひとつの特徴は古典語と各国語からの借用にある。この時期の借用語を見よう。

〈初期近代英語の借用語の例〉

ラテン語とギリシャ語

adapt, anonymous, appropriate, atmosphere, autograph, benefit, catastrophe, chaos, climax, crisis, criterion, critic, emphasis, encyclopedia, enthusiasm, exact, exaggerate, exist, expensive, explain, fact, harass, lexicon, multitudinous, pneumonia, relevant, species, transcribe, utopian, virus

フランス語またはフランス語経由

anatomy, bizarre, chocolate, detail, entrance, explore, grotesque, invite, moustache, muscle, passport, pioneer, shock, ticket, volunteer

イタリア語またはイタリア語経由

balcony, carnival, coffee, concert, design, macaroni, opera, piazza, rocket, solo, sonata, sonnet, soprano, stanza, violin, volcano

スペイン語・ポルトガル語またはスペイン語・ポルトガル語経由

alligator, anchovy, apricot, armada, banana, canoe, cocoa, embargo, guitar, hammock, hurricane, mosquito, negro, potato, tomato

その他

bamboo（マレー語）, bazaar（ペルシャ語）, caravan（ペルシャ語）, coffee（トルコ語）, cruise（オランダ語）, curry（ラミル語）, guru（ヒンズー語）, harem（アラビア語）, kiosk（トルコ語）, yacht（オランダ語）

(Crystal (2015: 60) のデータの一部に著者のデータを追加)

　なお，上で coffee がイタリア語とトルコ語経由の例として挙げられているが，オランダ語経由と記載する辞書もある。potato は西インド諸島のタイノー語 (Taino) に由来するが 1565 年にスペイン語から英語に借用されている。tomato はメキシコ南部と中米地域の先住民の言語であるナワトル語 (Nahuatl) に由来し，こちらもスペイン語経由で 1604 年に英語に入っている。実はcocoa（= cacao）も元をたどるとナワトル語である。これらの借用語彙の背景にヨーロッパ人による大航海とそれに続くアメリカ大陸の征服の歴史があるのは言うまでもない。

　シェイクスピア (William Shakespeare, 1564–1616) は，作品の中で初期近代英語の豊かな語彙をたくみに操っていた。つぎはマクベスがダンカン王殺害後，手を血に染めて自らの運命を呪

う有名な台詞である。

> Will all great Neptune's ocean wash this blood
> Clean from my hand? No; this my hand will rather
> The multitudinous seas incarnadine,
> Making the green one red. (*Macbeth*, II. ii. 60–63)
> （大ネプチューンの大海なら，この血を手から洗い落としてくれ
> るだろうか。いや。わたしのこの手は大海原を深紅に染めて青い
> 海を真っ赤にするだろう）

　3行目の multitudinous は1606年にラテン語から，incarna-dine は1591年にフランス語から英語に借用されている。マクベスは1606年ごろの作品であり，これらの語彙は当時のイギリスの観客にとっては真新しい外来語であったに違いない。このくだりはサイズの大きな重々しい借用語で事態の深刻さをほのめかす一方で，続く行では making the green one red と平易な英語でパラフレーズしている。シェイクスピアは言葉の魔術師と言われるが，アングロ・サクソン系の語彙に大量の古典語と世界の各国語の語彙が入り交じった初期近代英語という時代の申し子であった。

　ルネッサンス期に英語に入った借用語は1万語以上でその約半分が現代英語に残っている。現代英語における借用語の起源と割合を OED で調査すると，ラテン語が約13,000語で，フランス語が約12,500語であり，以下，ギリシャ語，ドイツ語，イタリア語が続く（2018年の調査）。ラテン語とフランス語だけで英語の借用語のほぼ60%を占めている。英語の類義語の豊かさは著者が以前にアメリカの動物園で見た次の英語のポスターにも表れている。

PLEASE DO NOT
ANNOY, TORMENT,
PESTER, PLAGUE,
MOLEST, WORRY,
BADGER, HARRY,
HARASS, HECKLE,
PERSECUTE, IRK,
BULLYRAG, VEX,
DISQUIETE, GRATE,
BESET, BOTHER,
TEASE, NETTLE,
TANTALIZE, OR
RUFFLE THE ANIMALS.

（San Diego Zoo 1993 の注意書き）

　「動物に悪戯しないでください」というメッセージを総計 22 の
類義語の動詞を並べて表現している。このうち英語本来語は
worry, harry, beset, tease の 4 語だけであり，他はすべて借用
語である。
　ここで古英語から初期近代英語までの借用語を整理すると次の
ようになる。

〈英語への主な借用語と時期〉

ラテン語　　　　フランス語

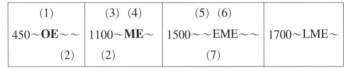

(1) 450〜OE〜〜 (2)	(3)　(4) 1100〜ME〜 (2)	(5)　(6) 1500〜〜EME〜〜 (7)	1700〜LME〜

古ノルド語　　　　典語と多様な各国語

ラテン語	古ノルド語	ラテン語	仏語	ラテン語	仏語	古典語・各国語
(1)	(2)	(3)	(4)	(5)	(6)	(7)
angel	get	genius	beef	anonymous	battery	climax
candle	kid	polite	face	atmosphere	invite	design
mass	they	legal	preach	critic	passport	potato
prophet	get	private	very	exist	detail	bazaar

　なぜ借用が起こるのだろうか。借用の動機は何だろうか。ある研究書は，借用の動機は空白（gap）と権威（prestige）にあると指摘する。空白とは言語 X のある表現が他の言語 Y にないため言語 Y がその概念を伝えるためにその表現を借用する場合である。つまり語彙の空白を埋める機能である。たとえば，世界各国が英語から the Internet を借用したのは空白の例である。権威とは，社会的支配力や文化的影響力の強い国の表現を真似る場合で

ある。中英語が古フランス語から mutton, poultry, pork, beef な
どを借用した例がこれに当たる (Matras (2009: 149-150))。ただ
し借用の動機は他にもありそうである。本来語にはないニュアン
スを求めたり，本来語がもつ直接的響きを避ける目的で借用語が
便利なことがある。

　日本語に借用された英語語彙と比べると英語に借用された日本
語語彙ははるかに少ない。世界最大の英語辞典 Oxford English
Dictionary は日本語借用語を 533 語記載している（2018 年の調
査）。その中には以下の語彙が含まれる。

〈日本語から英語に入った借用語の例〉

kuge (1577)，katana (1615)，shogun (1615)，samurai (1727)，
Zen (1727)，hara-kiri (1856)，futon (1876)，sumo (1880)，
tofu (1880)，kimono (1886)，geisha (1887)，judo (1998)，
sushi (1893)，tsunami (1897)，Akita (1928)，manga (1951)，
karate (1955)，skosh (1955)，teriyaki (1962)，ninja (1964)，
karaoke (1979)，umami (1979)，anime (1985)，otaku (1992)，
Sudoku (2000)，emoji (2013)

　このうち 1955 年借用の skosh に戸惑う人がいるかも知れない。
これは「少し」である。朝鮮戦争の頃に日本に駐留したアメリカ
人兵士が日本人との交流で覚え母国に持ち帰った日本語と言われ
ている。筆者のアメリカ人の知人（50 代）は日本に来て初めて
skosh が日本語だと知り驚いたと言う。かれによると，昔叔父が
"Give me a skosh more coffee." などと言っていたという。アメ
リカ英語のコーパス（COCA）で検索すると次の実例が見つかる。

　　The Subie got a full makeover for 2003, including a

softer shape, slicker interior and a **skosh** more room for people and stuff. (2002, MAG, BYU)

Truthfully, that's all I expected at that point. Her anger abated a **skosh**; suspicion replaced it. "What's this all about, Gar?" (2003, FIC, BYU)

ただし skosh という語彙を知らないアメリカ人も少なくない。1928 年借用の Akita も意外かもしれない。これは秋田犬を指す。飼い主に忠実な犬としてアメリカでも人気がある。

3. 大母音推移 (The Great Vowel Shift)

英語の苦手な中学生や高校生が，mine を誤って「ミーネ」と発音したり，name を「ナーメ」などと発音することがある。実はこれらは中英語では正しい発音であった。かっては shame は「シャーメ」，mouse は「ムース」，house は「フース」に近い発音であった。これらの語を現代風の発音に変えたのが大母音推移である。

大母音推移 (The Great Vowel Shift) とは，中期英語から初期近代英語にかけて起こった発音の体系的な変化を指す言葉である。発音変化の主な時期は 15 世紀（チョーサーの時代）から 17 世紀（シェイクスピアの時代）と考えられ，全体として長母音が高舌化した。またそれ以上高舌化しない二個の高舌母音（/i:/ と /u:/）は二重母音化 (diphthong) し，/i:/ は /əi/ に /u:/ は /əu/ へと変化した。[1]

---

[1] 寺澤 (2008: 105-108) は，大母音推移についての音声学的背景を含めた詳細な説明をしている。

　詳細は複雑だが概略は次のようになる。

〈大母音推移の概略図〉

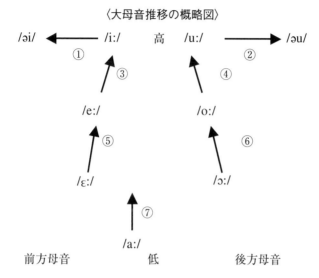

① 　mine, night, while など（二重母音化）

② 　house, mouse, how など（二重母音化）

③ 　sea, speak, feet など（高舌化）

④ 　book, moon, food など（高舌化）

⑤ 　break, great など（高舌化）

⑥ 　stone, bone, lone など（高舌化）

⑦ 　name, shame, tale など（高舌化）

　上記の概略図は，下方の母音から上方の母音へと連続的に変化した印象を与えるかも知れない。しかし実際はそうではない。一般的には1500年ごろまでに①と②の高舌母音の二重母音化と③と④の変化が起こり，その後の16世紀に他の残りの変化があったと推定されている。つまり二重母音化と高舌化でできたそれぞ

れの母音の空所を埋める形で下位の母音の音が高舌化した，と一般に考えられている。このような体系的な母音変化がなぜ起こったのかはわかっていない。ひとつの興味深い説として，中島 (1979: 120) は屈折語尾の母音 -e の消失が文中における音調の変化を引き起こし長母音の高舌化を招いた可能性を指摘する。

　録音がないのに古い英語の音がなぜわかるのだろうか，と学生から質問されたことがある。確かに昔の音を完全に特定することはできない。しかし間接的証拠を使って古い発音を推定することは可能である。ひとつに，ローマ字のような表音文字のスペリングは音に忠実であるのが原則であり，スペリングから昔の発音をある程度推定できる。さらに，韻の法則から音価を推定できることがある。たとえばチョーサーのカンタベリー物語のテキストに “... with his sweete breeth” という表現がある。形容詞 sweete の発音が /swe:tə/ であったと考えるのは，並列する名詞 breeth と脚韻を踏むためである。現代英語の sweet の発音では脚韻にならない。

　借用語の時期が大母音推移の時期を知る目安になることもある。たとえば nice も vine も police もすべてフランス語からの借用語だが，nice と vine は二重母音なのに police は長母音で発音される。nice も vine も 1300 年ごろの借用語だが police は 1530 年の借用である。このことから大母音推移の中の二重母音化は 1530 年以前に終了していたと推定できる。

4. シェイクスピア (Shakespeare) の英語

　「シェイクスピアの英語」には二つの意味がある。それは「シェイクスピアという作家の英語」と「シェイクスピア時代の英語」

という意味である。ここでは主に後者の意味で用いることにする。シェイクスピア（William Shakespeare）は，1564 年にストラトフォートアポンエーボンに裕福な商人の長男として生まれたが，やがて家が没落し 20 歳を過ぎてロンドンに出て俳優の経験をした後に劇作に転じたと言われる。最初の劇作は 1590 〜 1592 年の「ヘンリー 6 世」である。生涯で戯曲 38 編，長詩 2 編，154 編からなるソネット（14 行詩）集などを書いた。シェイクスピアは日本の安土桃山時代から江戸時代の人であり，徳川家康と同じ年（1616 年）に没している。

　シェイクスピア時代の英語は現代と根本的に違うわけではない。しかしいくつか特筆すべき違いがある。以下では主に現代英語と異なる初期近代英語の文法の特徴のいくつかを観察する。

4.1.　代名詞

　現代英語がドイツ語やフランス語など他の多くのヨーロッパの言語と違う点のひとつは，二人称代名詞が you しかないことにある。しかし初期近代英語では you と thou の 2 種類があった。以下のハムレット（I 幕 ii 場）の例を見よう。王（King Claudius）と王妃（Queen Gertrude）がハムレット（Hamlet）に父の喪に服することをやめデンマークにとどまるように説得する場面である。王妃はハムレットの母であり，王はハムレットの叔父でハムレットの父亡き後，王妃の夫となっている。

Queen　Do not for euer with **thy** veyled lids

　　　　Seeke for **thy** Noble Father in the dust;

　　　　Thou know'st 'tis common, all that liues must dye,

　　　　Passing through Nature, to Eternity.

（いつも眼を伏せて，あの世においでになった

あなたのお父さまのことばかり考えるのはおよし。

ねえ，わかっておいであろう，生きているもはいつか

はかならず死んで永遠の命を授かるというのが当たり

前だものね。）

（『シェイクスピア全集6　ハムレット』三神勲訳，筑摩書

房）

ここで王妃はハムレットに thou で呼びかけている。これは母が
子供に呼びかける時の基本パターンである。

　王妃に続けて王はハムレットに次のように語る。

King　'Tis sweet and commendable

In *your* Nature Hamlet,

To giue these mourning duties to *your* father:

But *you* must know, *your* Father lost a Father.

（それはもちろん，やさしい，感心な心がけにちがいないが，

お前がそうして亡き父の喪に服するのはな，ハムレット。

だが，考えてみなさい，お前の父も父を失ったのだ。）（訳

は同上）

　ここで興味深いのは（王妃とは異なり）王がハムレットに you
で呼びかけていることである。父から息子には thou を使うのが
原則であることを考えると，you の選択は王とハムレットの心理
的距離，あるいは王のよそよそしい態度，を感じさせる。

　対照的に王妃はハムレットに一貫して thou で話しかけている。

Queen　I pry**thee** stay with 'vs, go not to Wittenberg.

Hamlet　I shall in all my best

Obey *you* Madam.　　　　　　　　　　(*Hamlet,* I,ii)

（王妃　母の願いもきいておくれ，ハムレットや，ウィッ
テンバーグなどへ行かずに，どうか私たちのそばにいて
おくれ。

ハムレット　せいぜい御心にそうことにしましょう。）

（日本語訳は上と同じ）

　一方で，ハムレットは母である王妃に you で返答している。
これは当時の規範的な言葉使いである。

　なお，王の台詞のなかに giue（＝give）というつづりがある。
一方で王妃の最後の台詞では 'vs（＝us）とつづられている。こ
の時期は ever を euer，love を loue などとつづるのがふつうで
あった。

　「ヘンリー4世」第Ⅰ部には夫が妻に you と thou を併用して
語りかける場面がある。ホッパー（Hotspur＝Harry Percy）はヘ
ンリー4世への謀反を企てる一味に密かに入ろうとしているが，
事情を知らない妻が彼の奇妙な行動について問いただした時の
ホッパーのセリフである。

> Hotspur　Come, wilt **thou** see me ride?
> 　　　　　And when I am a horsebacke, I will sweare
> 　　　　　I loue **thee** infinitely. But harke *you* Kate,
> 　　　　　I must not haue *you* henceforth, question me,
> 　　　　　Whether I go: nor reason whereabout
> 　　　　　Whether I must, I must: and to conclude,
> 　　　　　This Euening must I leaue **thee**, gentle Kate.
> 　　　　　I know *you* wise, but yet no further wise
> 　　　　　Than Harry Percies wife. Constant *you* are.

But yet a woman: and for secrecie,

No lady closer. For I will beleeue

Thou wilt not vtter what **thou** do'st not know,

And so farre wilt I trust **thee**, gentle Kate.

(1 *Henry IV*, II, iii)

（ホッパー　さあ，出陣の見送りに来るがよい。馬の背に乗ってしまえば誓言する，そなたを限りなく愛しているると。だが，ケイト，よく聞け。これから二度と，わたしに，どこへ行くだの，なぜ行くかだのと，質問させないからな。行かねばならない所には何が何でも行く。ケイト，今夜はもうお別れだ。そなたは利口な女だ。だが，ハリー・パーシーの妻としては，まだ不十分だ。貞節な女でもある。でもやはり女だ。だが，秘密を守ることならそなた以上に口の堅い女はいない。もっとも知らないことを口にするはずはないからな。そのかぎりでは，そなたを信じている，ケイト）

　このテキストをよく読むと，親密な感情や優しい言葉を伝える時には thou，逆に突き放す態度をとる時や冷たい事を言う場合には you が多い。たとえば，3 行目で「そなたを限りなく愛している」と誓う時は thee だが，その直後に「だが，ケイト，よく聞け」と言って詮索をすることは許さないと断固として態度を伝える時は you に切り替わっている。このような使い分けが 17 世紀のイギリス人夫婦の会話で実際に行われていたかどうかは定かではない。

　関係代名詞にも現代と違いがある。現代英語では who は人の先行詞，which は無生物の先行詞を指すことになっているが，

初期近代英語では who が無生物の先行詞を，which が人の先行詞を指すことがある。また which に定冠詞 the が（特に前置詞の次で）つけられる以下の用例もあった。

According to the which　　　　　　　　　　　　　(*Julius Caesar* 3.1)

　現代英語ではとんでもない文法の誤りだが，古英語期からあった語法の名残である。

4.2. do 無しと do 付きの疑問文・否定文

　do 無しの疑問文・否定文と do 付きの疑問文・否定文の併用も初期近代英語の特徴である。以下はハムレットのテキストである。亡くなった王（ハムレットの父）の幽霊が現れるという噂を聞きつけたハムレットが見張り役や友人ホレイショに幽霊について問いただす場面だが，do 無しの疑問文・否定文だけが使われてる。

Hamlet	Hold you the watch tonight?
All	We do, my lord.
Hamlet	Armed, say you?
	（中略）
Hamlet	Then saw you not his face?
Horatio	O yes, my lord. He wore his beaver up.
Hamlet	What, looked he frowningly?
Horatio	A countenance more in sorrow than in anger.

(Hamlet 1.2. 225–242)

（ハムレット　今晩見張りをするのか。

　全員　　　　そうでございます。

> ハムレット　鎧をつけていたと言ったか。
>
> 　　　　　　（中略）
>
> ハムレット　では顔は見えなかったのか。
>
> ホレイショ　見えました，閣下。面頬を上げていました
> 　　　　　　ので。
>
> ハムレット　なに，怒った様子だったか。
>
> ホレイショ　怒りというよりは悲しい表情でした。）

　次に「お気に召すまま」の例を見よう。ロザリンドは長らく恋人のオーランドに会うことができないでいる。友人のシーリアがアーデンの森で彼に会ったと聞き非常に興奮してオーランドの様子を尋ねる場面である。

> Rosalind　What did he when thou sawest him? What said
> 　　　　　　he? How looked he? Wherein went he? What
> 　　　　　　makes he here? Did he ask for me?
>
> 　　　　　　　　　　　　　　　　　　(*As You Like It* 3.2, 213–215)
>
> （あなたが会った時，オーランドは何をしていたの。彼
> は何と言ったの。どんな様子だった。彼はどこへ行っ
> たの。彼はどうしてここに来たの。私のこと何か聞い
> た。）

　ロザリンドは立て続けに do 無し疑問文で質問を続けるが，最後に do 付き疑問文で Did you ask for me? と締めくくっている。このような do 付き疑問文は少しづつ使用を増やしていった。

4.3. 動詞

　動詞についても現代英語では廃れた使い方が見られた。ひとつ

は，以下のような非人称構文（主語無し構文）である。

> methinks I see my father. (*Hamlet*1.2.183)/
> Methought all his senses were locked in his eye ... (*King Henry* VI 3.1.242)

さらに，現代英語なら完了形に have を使う時に be が使われていた。

> Caesar is turn'd to hear　　　　　　　　(*Julius Caesar* 1.2.17)
> This man is now become a god　　　　　(*Julius Caesar* 1.2.116)

なお，このような be 完了形は 19 世紀前半には廃れ，以前からあった「have + 過去分詞」構造が完了を意味するようになった。現代英語の She is gone. という言い方は古い形が残ったものである。[2]

さらに単純現在形が進行形を意味することがあった。

> Hark, hark! one knocks (＝is knocking): Portia, go in a while　　　　　　　　　　　　　　　　(Julius Caesar 2.1.29)
> What do you read, my lord? - Words, words, words. (Hamlet 2.1.79) (＝What are you reading?)

現代英語の進行形 be + Ving は 18 世紀以後に発達している (He is on hunting → He is a-hunting → He is hunting)。

最後に，初期近代英語では仮定法が豊かに使われている。

---

[2] be や have の使用の変遷については家入（2016: 83-89）に詳しい説明がある。

Never <u>come</u> such division 'tween our souls　　(JC 4.3.225)

O Brutus, the heavens <u>speed</u> thee in thine enterprise!

(JC 2.4.42)

　現代英語では上記のような仮定法はかなり廃れ，助動詞が代わりの働きをしている。助動詞は現代英語では非常に重要な働きをしているが，そのほとんどは動詞から発達したものである。can, may, must, shall, will なども中英語までは主に動詞であった。以下は 1390 年のカンタベリー物語の例である。

She koude muchel of wandrying by the weye.

'She could much of wandering.'

= 'She knew a lot about travel'

(1390, Chaucer, CT, Prol. A. 467)

この koude（＝could）は，目的語を従えていることから動詞として使われていることがわかる（Hopper and Traugott (1993: 45-47))。

4.4.　品詞の転換

　SNS の広まりは新しい英語表現を次々と生んでいる。そのひとつが「SNS の友達リストに含める」を意味する friend の動詞用法であり "I don't want to <u>friend</u> someone I haven't met in real life." などと使われる（第 14 章を参照）。逆に defriend や unfriend は「SNS の友達リストから除外する」ことを意味する（たとえば "I'm shocked that Amy defriended me."）。

　シェイクスピアもこのような品詞転換の名人であった。以下を見よう。

Season your admiration for a while（和らげる）

It out-herods Herod（残虐なヘロデ王よりひどい（ヘロデ王とはキリスト生誕の時のユダヤの王））

The hearts that spaniel'd me ...（へつらう）

Uncle me no uncle.（私を「叔父」と呼ぶな）

　ここでは名詞の season, out-herod, spaniel, uncle が動詞で使われている。このようなシェイクスピアの言葉使いの創造性の背景には，英語が大きな変貌をとげている最中であり文法が固定していなかったことがある。その一方で，シェイクスピアは頭に浮かんだことを自由に書き流す癖があったなどとも指摘される。いずれにしても，これらの斬新な品詞転換の中には動詞の season のように英語に定着したものもあるが廃れたものもある。

　シェイクスピアのテキストは非常に難解という評判があるが，シェイクスピアの語彙の95％は現代英語と同じである。難解さの要因として，語彙の意味が当時と変化していることと観客を楽しませるため修辞を含む表現が多いことが挙げられる。

5.　欽定英訳聖書（The Authorized Version）

　欽定英訳聖書とは，ジェームズ1世（King James I）の支持を得て計画，実行された英訳聖書である。当時の学者や宗教家53名が分担して翻訳し，約3年半かけて完成し1611年に出版された。実質的にはティンダル訳聖書（1525～1530）に従い，他の英訳聖書も参照している。欽定訳聖書はその簡潔で平明な文体，力強い表現，数多い名言のため，英文学の古典としても初期近代英語の散文としても不動の地位を占める。

欽定英訳聖書（AV）に由来するイディオム・名言には以下のものがある。

> an eye for an eye （Ex 21）
> the apple of his eye （Dt 32）
> the root of the matter （Jb 19）
> the salt of the earth （Mt 5）
> the signs of the times （Mt 16）
> Physician, heal thyself （Lk 4）
> Man shall not live by bread alone （Mt 4）
> Love your enemies （Mt 5）

欽定英訳聖書の簡潔で力強いスタイルは，以下の「主の祈り（The Lord's Prayer）」にも表れている。

> Our father which art in heauen,
> hallowed be thy name.
> Thy kingdome come.
> Thy will be done, in earth, as it is in heauen.
> Giue vs this day our daily bread.
> And forgiue vs our debts,
> as we forgiue our debters.
> And lead vs not into temptation,
> but deliuer vs from euill.

このテキストにはシェイクスピアと同じく初期近代英語の特徴が端的にあらわれている。ひとつは，hallowed be thy name（み名があがめられますように），Thy kingdome come（み国が来ますように），Thy will be done, in earth, as it is in heauen（み心が天で

行われるように地でも行われますように) などの動詞 (be, come) の仮定法である。もうひとつは，do を用いない否定文 (And lead vs not into temptation) の使用である。

　20 世紀に作られた新英訳聖書 (1961-1970) のテキストを比べよう。

> Our Father in heaven,
>
> Thy name be hallowed:
>
> Thy Kingdom come.
>
> Thy will be done,
>
> On earth as in heaven.
>
> Give us this day our daily bread.
>
> Forgive us the wrong we have done,
>
> As we have forgiven those who have wronged us.
>
> And do not bring us to the test
>
> But save us from the evil one.

　2 行目で欽定英訳聖書の hallowed be thy name (VS 語順) が Thy name be hallowed (SV 語順) になっている点と，下から 2 行目で do を用いた否定命令文を使っている点が変更点である。その一方で，欽定英訳聖書の簡潔・平明なスタイルは基本的に継承されている。

　聖書の英語翻訳は，古英語の時代からイギリスで行われていた。しかし最初の本格的な英訳聖書は 14 世紀後半の『ウィクリフの聖書 (The Wycliffite Bible)』を待たねばならない。ウィクリフ (John Wycliffe/Wyclif, 1330?-1384) は，教会の権力に反対し，純粋な信仰に基づく立場から聖書の英訳を手がけたが，原典ではなくラテン語の『ウルガータ聖書 (Vulgata)』から英訳し

たため，後にさまざまな不備が指摘された。初期近代英語期には宗教改革の流れがイギリスにも波及し，ティンダル（William Tyndale，1494?-1536）がギリシャ語やヘブライ語の原典から聖書を英語翻訳した。しかし当時の王やその他からの圧力・迫害により，『ティンダルの聖書』の出版は困難を極めた。ティンダルはイギリスを逃れようやくドイツでこの聖書を出版した（1525/26 と 1530 頃）。ティンダルの聖書はイギリスでは禁書だったが密輸されてよく売れ，後の欽定英訳聖書に大きな影響を与えている（ブリタニカ国際大百科事典より）。

　このように聖書の英語翻訳の試みは権威への挑戦であり「反社会的行為」とみなされていた。特にティンダルは異端判決を受け処刑されている。1611 年の欽定英訳聖書の出版は国王公認である点でまさに画期的であった。そこにはルネッサンスがもたらした英語の地位向上という歴史的背景がある。

　この章のまとめ：

　・初期近代英語期にはルネッサンスと大航海時代の影響で，古典語（ギリシャ語とラテン語）および諸外国語から大量の借用語が英語にもたらされた。

　・中英語末期から初期近代英語初期にかけて大母音推移が起こった。このために英語の長母音の高舌化と二重母音化が起こり，英語の語彙のつづりと発音の乖離を招く一因となった。

　・シェイクスピア（時代）の英語は現代英語と大きな違いはないが，you と thou の使用，do を用いない疑問文・否定文と do を用いる疑問文・否定文の併用，非人称構文の存在，仮定法の多用など，現代英語にはない特徴があった。

・欽定英訳聖書はシェイクスピア作品と共に，初期近代英語
　の資料としても英文学の古典としても不動の地位を占め，
　英語の発達に多大な影響を与えている。

第5章 アメリカ英語，イギリス英語，世界の英語

　英語を第一言語として話す人は現在およそ4億人と言われる。これに加えて3億人以上の人々が英語を第二言語として使っている。しかし1590年代の英語話者の人口はおよそ五百万から七百万人程度であった。さらに英語話者はブリテン諸島に限られていた。しかしエリザベス1世が即位した1603年からエリザベス2世が即位した1952年までの350年間で英語話者の人口はほぼ50倍の約二億五千万人に増加している (Crystal (2015: 92))。

　イギリス人の北米大陸への侵出とアメリカ建国は，世界の歴史に多大な影響を与えたが，英語の運命も大きく変えた。第4章までは英語の歴史を主にブリテン島とヨーロッパ大陸との関連で見てきた。本章ではアメリカ英語に目を向ける。その後，アメリカ英語とイギリス英語を比較し，それぞれの多様性に触れ，最後に世界の英語を見る。

1.　初期のアメリカ入植地

　アメリカ（America）という名の由来はイタリアの商人，冒険家，航海家のアメリゴ・ヴェスプッチ（Amerigo Vespucci, 1454-1512，ラテン語名は Americus Vespucius）と言われ，計2回アメリカ大陸に航海している。しかし，もっとも最初にアメリカ大陸にやって来た人々はアジア人である。紀元前2万5千年から1万2千年の間にまだ陸続きであったベーリング海峡を数回渡ったと考えられている（猿谷（1991: 29））。次にやってきたのは10世紀末のヴァイキングである。かれらは船で大西洋を渡りカナダに漂着している。15世紀になると，コロンブスが1492年にアメリカに到着し計4回アメリカ大陸を探検している。やがて16世紀の大航海と探検の時代になると，スペイン人が侵入しアステカ帝国やインカ帝国などをつぎつぎ滅ぼし中南米の大部分を征服した。

　スペイン人は北米にも侵出し，フロリダのセイント・オーガスティン（St. Augustine）を1565年に建設している。16世紀にはイギリス人やフランス人も北米探検に乗り出している。イギリスによる第一回の入植の試みは 1584 〜 1585 年である。探検家・作家でもあったウォルター・ローリー（Walter Raleigh）（1552-1618）が，アメリカのノース・カロライナ州ロアノーク島（Roanoke Island）に入植者を派遣するが，失敗に終わっている。

　第二回目の入植の試みは1607年であり，イングランド西部出身の105人が現在のヴァージニア州に入植してジェームズタウン（Jamestown）の建設に成功した。このように書くと1607年の入植が支障なく進んだ印象を与えるかもしれないが実際はそうではなかった。食料不足による飢えと水不足で多くの人が命を落

とし全滅の一歩手前となっていた。当時の入植者は 1607 年 7 月から 1608 年 1 月までの過酷な生活を「この新しく発見されたヴァージニアにおかれたわれわれほど，惨めな状態で外国にとり残されたイギリス人は，今までに一人もいなかったことだろう」と述べ，飲みものは川から汲んだ塩辛い水や泥にまみれた水であり「仲間のうち大勢がそれでやられた」と記録している（猿谷(1991: 39)）。本国からの補給と近隣の先住民の助けにより何とか生き延びたのである。ポカホンタス（Pocahontas）というディズニー映画がある。ポカホンタスとは，実在の人物でありジェームズタウン付近に居住していた先住民パウハタン族のリーダーの娘である。当時はまだ 12 歳前後と推定されるがヴァージニア植民者たちを救った「英雄」としてアメリカ人なら知らない人はいない。

　第三回の入植は 1620 年の清教徒の一団，巡礼始祖（Pilgrim Fathers）であり，プリマス（Plymouth, New England）に移住した。かれらは公的には宗教的立場から母国を追われた人々と説明されるが，信仰とは関係なく母国での生活苦から逃れようとした人もかなりいたと言われる（猿谷（1991: 43））。さらに 1682 年にはウィリアム・ペン率いるクエーカー教徒（Quaker）がペンシルバニアに入植し，18 世紀にはイングランドだけでなくスコットランドやアイルランドの人々，さらにドイツ人がアメリカに渡っている。たとえば，西部開拓者として有名なデイヴィー・クロケット（Davy Crocket, 1786–1836）はスコットランド・アイルランド系である。19 世紀になると 150 万人のアイルランド人がジャガイモの大飢饉で移民し，ドイツからは革命による政情不安でやはり 150 万人が移民している。他にもスカンジナビアや南ヨーロッパ（イタリアやスペイン）から，20 世紀には中国や日

本などのアジアと中南米からの移民が増えている。これらの多様な移民がそれぞれ独自の文化と共に多くの語彙をアメリカ英語にもたらしている。

　さて1607年のヴァージニアの入植者に話を戻すと，かれら105人はイングランド西部のサマセット（Somerset）やグロスターシア（Gloucestershire）の人々が中心であり，かれらは巻舌音 /r/ を強く響かせて car や heart を発音していたとされる。一方で，1620年のプリマスの入植者はイングランド東部の人々が中心であり，かれらは /r/ の発音をしない地域の人々であり，この発音が現在のボストン訛りの由来である。

　北米への入植とその後の歴史は州名・地名に写し出される。カンザス（Kansas）は先住民のスー族の言語（Siouan）で「南風の人々」を意味する Kansa に由来する。ミシシッピー（Mississippi）は「大きな川」を意味する先住民のアルゴンキン語に由来する。これに対してフロリダ（Florida）は「花の宴」を意味するスペイン語である。カリフォルニア（California）もロサンゼルス（Los Angeles）もサンフランシスコ（San Francisco）もスペイン語である。一方で，ルイジアナ（Louisiana）はフランスのルイ14世にちなんだ州名であり，ニュー・オリンズ（New Orleans）はフランスのルイ15世の摂政オルレアン公（Orléans）に，そしてニューヨーク（New York）やニュー・イングランド（New England）がイギリスの地名に因んでいるのは言うまでもない。

2.　アメリカ英語の新しい語彙

　アメリカ英語の新しい語彙は，先住民の語彙と世界各地からの移民がもたらした語彙，の2つの系統に分かれる。以下はその

一部である。

〈アメリカ英語の新しい語彙・表現〉

先住民の言語

chipmunk, moccasin, moose, opossum, papoose, pemmican, rac(c)oon, skunk, tomahawk, totem, wigwan, ...

入植者・移民の言語

オランダ語

boss, caboose, coleslaw, cookie, snoop, ...

フランス語

bayou, cache, caribou, cent, chowder, crevasse, poker, saloon, …

ドイツ語

and how, cookbook, delicatessen, dumb, frankfurter, hoodlum, kindergarten, pretzel, sauerkraut

イタリア語

espresso, mafia, minestrone, pasta, pizza, spaghetti, zucchini, ...

スペイン語

bonanza, cafeteria, canyon, coyote, marijuana, mustang, plaza, ranch, rodeo, stampede, tacos, tornado, ...

イディッシュ語

bagel, chutzpah, Enjoy!, glitch, klutz, kvetch, kosher, mensch, nosh, schmaltz, schmuck, ...

(David Crystal (2002: 247) のリストの一部に著者のデータを追加)

moccasin （くつ）, rac(c)oon （アライグマ）, tomahawk （石斧）

は先住民の言語のひとつであるヴァージニア・アルゴンキン語
(Virginia Algonquin) の語彙である。本来は狩猟や戦闘用の斧を
意味するがアメリカの巡航ミサイルの名前に残っている。ヨー
ロッパ人が北アメリカ大陸に移住を始めた 16 世紀から 17 世紀
には少なくとも 800 種類の先住民の言語が使われていた。しか
しイギリス人やその他の植民者や移民が領土を広げるにつれ，先
住民は住まいを奪われ，次第にかれらの生活様式も言語も奪われ
ていった。現在では先住民の言語の大部分が死語となっている。

　イディッシュ語（Yiddish）は，（中高）ドイツ語にスラブ語，
ヘブライ語を交えヘブライ文字で書く言語であり欧米のユダヤ人
によって使われている言語である。ベイグル（bagel）というパ
ンはおそらく現代の日本でもっとも良く知られているイディッ
シュ語ではないだろうか。米国にはおよそ 300 万から 400 万人
のイディッシュ語の話者がいると言われ，イディッシュ語はアメ
リカ英語にかなり浸透している。"Enjoy!" は標準英語では破格
だが，「おいしく召し上がれ！」の意味で広く使われている。

3.　アメリカ英語とイギリス英語

　前の二つの節では，アメリカへの初期の入植とアメリカ英語の
新しい語彙を観察した。この節では現代のアメリカ英語とイギリ
ス英語を比較する。アメリカ英語とは 17 世紀の初期近代英語期
にルーツがあることはすでに述べたとおりである。1607 年の
ヴァージニアへの入植の成功から 400 年を経ているが，イギリ
ス英語とアメリカ英語は今でも意思疎通にさほど支障がない。し
かしそれぞれ独自の変化を遂げているのは事実である。

　たとえば，以下の英語を見よう。

90

The final programme for the conference is now available on the conference website. Should I require special equipment for your presentation, please contact the conference organisers in good time in advance. Barth is a diverse and exciting region, about 10 kilometres from the city centre and is only eight minutes if you take the underground.

　多くの日本人大学生はこのテキストに少々戸惑うのではないだろうか。それはこのテキストがイギリス英語で書かれているからである。イギリス英語らしさは第一にスペリングに表れている。programme, organisers, kilometres, centre はすべてイギリス英語のつづりである。筆者はこの原稿を WORD ソフトで書いているが，このソフトはアメリカ英語設定なのでイギリス英語でつづると誤植のマークが赤で表示される。アメリカ英語ではそれぞれ program, organizers, kilometers, center となる。第二に，city centre や underground などの語彙・語句はイギリス英語であり，アメリカ英語なら「中心街」は downtown，「地下鉄」は subway である。加えて，kilometers はアメリカでも使うことがあるが miles のほうが一般的である。

　このようにイギリス英語とアメリカ英語は，発音に加えてスペリングと語彙，さらに文法・語法にもさまざまな違いがある。以下では（1）発音，（2）スペリング，（3）文法・語法，（4）語彙，の順に手短に述べていく。

3.1.　発音
　一般に，car や star の長母音の後ろに /r/ の音が響くのは，

もっとも良く知られたアメリカ英語の特徴のひとつである。この発音は17世紀のヴァージニアの入植者たちの英語（イングランド西部）に起源がある。これとは別に，アメリカ人の writer や matter の発音は，イギリス人の耳には wrider や madder のように聞こえると言われる。アメリカ人が完全に /d/ の音で発音しているわけではないが，母音に挟まれた /t/ の音が有声化されるためである。この /t/ の有声化のため日本人の耳にはアメリカ人の早口の"What's the matter?"が時に「ワラマラー」に聞こえる。dance の発音もよく英米の違いとして引き合いに出される。アメリカ人は dance の母音を /æ/ と発音するが，イギリス人の発音は /ɑː/ である。かなり昔の話だが，筆者は学生時代にアメリカ留学直後にイギリスに行き，dance の発音で嫌な顔をされた記憶がある。

　さて，これ以外にもアメリカ英語とイギリス英語には次のような発音の違いが指摘される。

schedule　アメリカ英語では2子音 /sk/ で始まるが，イギリスでは1子音 /ʃ/ で発音する人が多い。

tomato　語中の母音がアメリカ英語では二重母音 /ei/ で発音され，mate と韻を踏むが，イギリス英語では長母音 /ɑː/ となり，car と韻を踏む。

leisure　アメリカ英語では第一音節を長母音 /iː/ で発音するが，イギリス英語では短母音 /e/ となる。

route　アメリカ英語では長母音 /uː/ と二重母音 /ɑu/ の発音があるが，イギリス英語では長母音 /uː/ である。

herb　アメリカ英語では h を発音しないが，イギリス英語では h を発音する。

　日本人の英語学習者にとって厄介なのは，これらは日本語の借用語彙でもあるが発音がアメリカ英語だったりイギリス英語だったり一貫性がない点にある。たとえば schedule は日本では「スケジュール」であり「シェジュール」と言う人はいない。つまりアメリカ英語の発音である。ところが tomato は「トマト」であり「トメイト」とは言わない。これはイギリス式の発音である。leisure も日本人はイギリス式に「レジャー」と言い「リージャ」ではない。herb はイギリス式に h を発音して「ハーブ」である。日本人は特に気にしていないが，英語話者から見ると奇妙かも知れない。日本人大学生に上記の英単語をどのように発音しているかを尋ねたところ，多くがカタカナの発音に強く影響を受けていた。

　アメリカ英語とイギリス英語では単語の強勢（stress）の位置が違うことがある。以下はその数例である。

アメリカ	イギリス
一般アメリカ英語	容認発音
（General American）	（Received Pronunciation）
ADdress	adDRESS
adverTIZEment	adVERtisement
CONTroversy	conTROversy
fronTIER	fRONtier
gaRAGE	GArage
MAgazine	magaZINE
WEEKend	weekEND

　日本人の「フロンティア」の発音はイギリス英語のそれに近いが，「マガジン」の発音はアメリカ英語に近い。secretary の発音

もアメリカ英語では第一強勢（sec-）に加えて第二強勢（-tary）があるため母音が強調されるが，イギリス英語では強勢が sec- のみであり語全体が短く発音される。

3.2.　スペリング

　以下のペアが示すように，アメリカとイギリスとでは同じ語彙のつづりが異なることがある。

アメリカ	イギリス
color, flavor	colour, flavour
encyclopedia	encyclopaedia
center, theater	centre, theatre
fulfill, skillful	fulfil, skilful
gray	grey
traveled	travelled
check	cheque
tire	tyre
program	programme
recognize	recognize

　一般的には，アメリカ英語のつづりは簡素化されている。ただし fulfill（アメリカ式）と fulfil（イギリス式）は例外である。イギリス英語ではなぜ center を（発音とかけ離れた）centre とつづるのか疑問に思う読者がいるかも知れない。理由は，イギリスでは元のフランス語のつづりを使っているためである。ただしフランス語の centre の語尾の発音 /tr/ はイギリス人には苦手なので英語化されている。なお，イギリス式のスペリングはイギリスの旧植民地のオーストラリアやニュージーランド，香港，シンガ

ポールなど世界の広い地域で使われている。

　アメリカでは辞書編纂者・教育者のノア・ウェブスター (Noah Webster, 1756–1843) が，アメリカ英語の標準化と英語の複雑なスペリングの簡素化を行った。1828 年初版の『アメリカ英語辞書』(*An American Dictionary of English Language*) で colour を color, centre を center, honour を honor, waggon を wagon に直している。これがアメリカ英語のスペリングとしてすっかり定着している。

　アメリカ英語では analogue を analog, dialogue を dialog ともつづることがある。こちらの簡素化を行ったのは 1934 年から *Chicago Tribune* の発行者をしていたロバート・マコーミック (Robert McCormick, 1880–1955) である。マコーミック氏は "simplified spellings" を提唱し新聞紙上で実践した。ほかにも bureaucrat を burocrat, sophomore を sofomore, through を thru, though を tho ともつづったが，これらは定着しなかった。

3.3. 文法・語法

　アメリカ英語とイギリス英語の文法・語法の違いは単なる慣習の違いによるものがあるが，時には，アメリカ英語が古いイギリス英語を保持しているために差異が生まれていることがある。ひとつは次のような接続法現在の用法である。

> It is imperative that she finish this job by Friday.
> By insisting that everything be Americanized, we dumb down our own society rather than enrich it.

これらの文の動詞 finish と be はいずれも接続法であり，イギリス英語なら should が必要である。

　動詞 get の過去分詞はアメリカ英語では got と gotten の二つがある。以下は gotten が使われている実例である。

> Thank God, I think the character has gotten better at talking and acting.　(2017 NEWS Colorado Springs Gazette)
> Maybe now it's worth mentioning the juice Kaplan has gotten from his second wife, Mindy.
>
> 　　　　　　　　　　　　　　(2017 News Chicago Tribune)

　イギリスでは gotten は廃れ，ill-gotten のような表現を除くとほとんど用いられない。

3.4.　語彙・表現

　ヒースロー空港からロンドン市街へ向かう地下鉄に乗ると "Mind your step please!"（「足下にご注意ください」）というアナウンスが流れる。これを聞くと「イギリスに来た」ことを実感する人が多いのではないだろうか。アメリカなら "Watch your step please" であろう。

　イギリス英語とアメリカ英語の違いは語彙・表現の違いに端的に表れる。以下の例が示すように，日常的な物事を表す語彙・表現が英米ではしばしば異なっている。

アメリカ	イギリス
cellphone	mobile phone
fall / autumn	autumn
garbage	rubbish
gas	petrol
grade school	primary school

hood	bonnet
line	queue
pants	trousers
railroad	railway
second floor	first floor
truck	lorry
trunk（car）	boot
term paper	essay

　英米で同じ語彙であっても，意味が大なり小なり異なることがある。たとえば，student（学生）はアメリカでは大学生だけでなく高校生・中学生も指すが，イギリスではふつう大学生にしか使わない。アメリカ英語の "Mom is mad!" は「ママ，すごく怒ってる！」の意味だが，イギリスではこの意味は廃れているため「狂った」の意味になる。mad money というややスラング的なアメリカ英語がある。これはデートでボーイフレンドと喧嘩別れした時の帰りの交通費として財布に忍ばせておくお金を指す。より一般に「緊急時に備えてある小金」を指すこともあるが（Urban Dictionary），ニューヨーク滞在記を書いたイギリス人ジャーナリストのコリン・ジョイス氏は mad money を自分の大好きなアメリカ英語のひとつに数えている（Collins (2016: 106)）。

　quite の意味がイギリスとアメリカではかなり違う，とイギリス滞在のアメリカ人ジャーナリスト，エリン・ムーア氏は指摘する（Moore (2016: 11-14)）。quite empty なら英米で意味にあまり違いがないが，quite intelligent や quite good のように程度を表す形容詞を修飾する時は事情が異なる。イギリス人英語では軽く褒めつつも否定的評価を表す限定表現だが，アメリカ英語では単

純に強調語である。ニュアンスとしては，「かなり，まあまあ」
と「大変，非常に」の違いである。イギリス人のゲストがアメリ
カ人の友人にもし "I am quite hungry." と告白すると，誤解して
巨大なステーキをふるまわれる恐れがある，とも述べている（前
掲書，pp. 11-14）。

4.　アメリカ英語の多様性（varieties）

　アメリカ英語と一口に言っても中味は多様である。多様性には
地域的なものと民族的なものがある。アメリカ英語の地域的多様
性は大きく，北部，中部，南部に分けられる。たとえば，アメリ
カの第39代大統領のジミー・カーター氏はジョージア州出身で
あり独特の南部なまりがあった。筆者はカーター氏が大統領で
あった時期にアメリカに住んでいたが，テレビを見るとタレント
が大統領の南部なまりを再現していた。アメリカにはボストンな
まり，テキサスなまり，などより狭い地域と密着した多様性がた
くさんある。

　アメリカ英語には民族的多様性もある。エボニクスあるいは
African American Vernacular English（AAVE or "Ebonics"）は，
アフリカ系アメリカ人が使う非標準英語を指す。たとえば He
comes home が He come home, She is my age が She be my
age, She doesn't like it が She don't like it となる。Ebonics
という言葉は ebony（黒檀）と phonics（音響学）からできたと言
われる。

　チカーノ英語（Chicano English）は，メキシコ系アメリカ人
の英語である。Chicano という言葉は Mexicano からできたと
言われるが 1940 年代から使われた言葉である。かつては侮辱的

言葉と考えられたが，1960 ～ 1970 年代から民族的誇りを表すようになり，約 750 万人のチカーノ英語の話者がいて，チカーノ英語の発音の特徴には以下のものが含まれる。

/z/ を /s/ と発音（無音化）：
　例　easy /iːsi/　　　was /wʌs/
/v/ を /f/ と発音（単語の最後の母音の後で無音化）
　例　love /lʌf/　　　have /hæf/
/tʃ/ を /ʃ/ と発音
　例　chicken（＝shicken）

さらに次のような強勢やイントネーションのずれがあると言われる。

anTIcipate → anticiPAte

5.　イギリス英語の多様性

イギリスの国土はアメリカ合衆国のそれよりはるかに狭い。しかし英語の多様性ではアメリカをはるかに上回る。知り合いのアメリカ人に聞くと，ニューヨークとカリフォルニアでさほど英語の違いを感じないと言う。しかしイギリスのエジンバラ（スコットランド）とロンドン（イングランド）ではその違いは歴然としている。イギリスでは車を 1 時間走らせると英語のなまりが変わるとさえ言われるくらいである。

容認標準発音（Received Pronunciation（＝RP））とは，20 世紀初頭に，BBC が取り入れたこともあり，「正当な，権威ある」英語の発音とみなされている英語の種類である。もともとはイン

グランド南東部の教養のある人々の英語発音を意味し，パブリックスクールやオックスフォードやケンブリッジの卒業生，教授などの上層階級で話されてきた。一般には，The Queen's English, Oxford English, BBC English とも呼ばれる。しかし，RP を実際に話す人はイギリス人の全人口の 3% 程度に過ぎないとう調査結果があり，20 世紀後半からは，英語の多様性を認める空気が徐々に広まっている。

　容認標準発音（RP）の対極にあるイギリス英語の地域的・社会的多様性としてよく知られるのがコックニー英語（Cockney）であろう。コックニーとは，生粋のロンドン人／ロンドン英語とも言われ，特に下町と言われる East End 地域に住む人々に特徴的な英語を指す。コックニーの特徴は多岐にわたるが，少なくとも以下が顕著であり，RP の話し手にとっては「労働者層的」とか「俗っぽい」英語に響く。

> 語頭の /h/ の脱落　head → 'ead
> /ei/ を /ai/ と発音する
> /iː/ を /əi/ と発音する
> /i/ を /e/ と発音する　sea
> I goes, he goes, you goes のように単数形で統一する

　『マイ・フェア・レディ』（My Fair Lady）というミュージカル作品ではイギリスの階級社会とコックニー英語に焦点が当てられている。この作品の原作はバーナード・ショー（Bernard Shaw）のピグマリオン（Pygmalion）だが，1913 年初演で 1957 年に My Fair Lady としてミュージカル化され，1964 年にはアメリカでミュージカル映画が公開された。言語学者のヒギンズ教授が，下町生まれの「粗野で下品な言葉遣い」とされるコックニー

英語を話す花売り娘イライザを上流階級のレディに仕立てようとする物語である。教授はイライザの発音矯正のため以下の詩「スペインの雨」（The Rain in Spain）を練習させる。

The rain in Spain stays mainly in the plain.

しかしイライザはすぐには訛りを直せず，この文を "The rine in Spine stays maenly in tha plaen." のように発音してしまう。つまり rain は「ライン」，Spain は「スパイン」のような発音になる。コックニー英語では ai の発音が /ai/ となるためである。

イライザには次の文の発音練習も課せられる。

In Hartford, Harry ford, and Hampshire herrings hardly ever happen."

イライザは，"In 'artford, 'arry ford, and 'ampshire 'errings 'ardly hever 'appen." と発音する。コックニーでは h の音が脱落し，ever に h を添えるためである。

なお，容認標準発音（RP）とコックニー英語の中間的な存在として河口域英語（Estuary English）が 1980 年代から注目されている。標準英語に近いがコックニーの訛りが混ざっているため RP ほど「お高くとまった」印象を与えない新中間層の英語である。トニー・ブレア元首相やダイアナ元皇太子妃にはこの河口域英語の特徴があったと言われる。

21 世紀になってもイギリスは英語のなまりに関わるエピソードに事欠かない。2019 年 5 月 7 日の BBC News で "Can technology help you lose an accent?" というタイトルの記事が掲載されている。この記事によると，イギリス人の約 4 分の 1 が「なまりによる差別（accent discrimination）」を経験していると言う。

ドイツのあるスター・テニス選手が全仏オープンの記者会見でイギリス人リポーターのヨークシャーなまりの英語が理解できず，観客の笑いを誘ったことが報告されている。イングランド東部から2003年にロンドンに移り住んだデザイナーは自分の地域方言を直すのに苦労したという。かれはロンドンに出るまで自分が「方言」を使っているという意識がなかったが，"that frightened me"（怖かった）の意味で "that frit me, that did" と言うと周りから奇妙な目で見られたことを回想している。ちなみに frit は frighten の方言である。

6.　世界の英語

　英語が第一言語であるのはイギリスやアメリカ合衆国だけでない。アイルランド，カナダ，オーストラリア，ニュージーランドも含まれる。ここでは Melchers and Shaw (2003: 100–107) に基づき，カナダとオーストラリアの英語を簡単に紹介する。

　カナダの総人口は約3000万人だが，その60%強が英語を第一言語としている。25%はフランス語を第一言語とする。カナダ英語は，アメリカ英語とイギリス英語両方の特徴を示すが，カナダ英語独特の特徴もある。

　まずスペリングから見よう。-our と -or についてはイギリス式に colour ともアメリカ式に color ともつづられる。-re と -er は，イギリス式が優先で centre, theatre, metre がふつうである。一方で，-ise と -ize についてはアメリカ式が優先で，realize, criticize が一般的である。

　発音については，"Canadian raising" と呼ばれる特徴があり，price, knife, mouth, house などの二重母音の発音が「上昇」し

/ai/ が /əi/ になる。なお schedule の語頭 sch に /sk/ と /ʃ/ の両方の発音がある。語彙については，アメリカ英語に向かう傾向が強いが，イギリス的な語彙も残り，bonnet, autumn, fortnight, queue などが使われている。先住民の言語からの借用もある (pemmican (＝meat dish)，Toronto, kayak など)。

　オーストラリア英語は人口約 2000 万人であり，近年は徐々に国内に地域的多様性が生まれている。スペリングはイギリス式が優先である。発音にはコックニー的な特徴があり，eight, day, sea などの発音 /ai/ に表れる。

　文法に関しては，造語力の強い接尾辞 (-ie,-o) を使う (wharfie (＝docker 港湾労働者)，smoko (＝stop for a rest and smoke) など)。切除もあり，uni (＝university)，Oz (＝Australia)，roo (＝kangaroo) などがある。先住民からの語彙の借用は (北アメリカと同様に) 地名や動植物を除き少ない (kangaroo, koala など)。she を時に it の意味で使ったり (She's jake＝it's fine)，ほかにも sheila (＝girl)，tucker (＝food)，drongo (＝idiot)，yacker (＝worker) などの独特の語彙がある。

　世界の英語について語る時にはピジン英語 (Pidgin English) に触れなければならない。ピジンとは，英語の business の中国語なまりからできたと言われるが，大航海時代以降のヨーロッパ人が世界各地へ進出した結果，ヨーロッパの言語 (特にポルトガル語，スペイン語，英語，フランス語など) と現地の言語が接触して融合した言語であるが，ピジン語は生得の言語になっていないものを呼ぶ。ピジン語がその社会の第一言語となった場合はクレオール語と呼ぶのが一般的である。

　つまりピジン英語とは，英語と現地の言語が融合したものを指し，世界に 60 種類以上あると言われる (杉本 (1985: 40))。簡略

化された文法と制限された数の語彙に特徴があり，中国や東南ア
ジア，西アフリカなど世界の各地の商業取引で使われている。
"Long time no see."（お久しぶり！）は標準英語に逆輸入されたピ
ジン英語として知られている。

　トク・ピジン（Tok Pisin）は，英語を基礎とするクレオール語
である。日常的なやりとりはトク・ピジンでは以下のように表現
される。

> Yu golong we?　（Where are you going?）
>
> Yu makim wanem?　（What are you doing?）
>
> Mi go long haus　（I'm going home）
>
> Mi go was was　（I'm going swimming（or to wash /
> bathe）
>
> （Papua New Guinea - Tok Pisin Introduction Lesson, 2018/4/12
> より）

　トク・ピジンは，パプア・ニューギニアの公用語の一つとし
て，およそ120万人が第一言語として使用し，300万人から400
万人が第二言語として使用していると見られる。

　この章のまとめ：
- ・イギリス人が北アメリカへの入植に最初に成功したのは
　1607年であり，イギリスの初期近代英語がアメリカ英語
　の出発点である。
- ・アメリカ英語の新しい語彙は，先住民の言語と入植者・移
　民がもたらした言語の二つに分かれる。
- ・イギリス英語とアメリカ英語はそれぞれ独自の変化をして
　いるため発音，スペリング，文法・語法，語彙に相違点が

あり，同じ語彙でも意味が大なり小なり異なることがある。

・カナダ英語はイギリス英語とアメリカ英語の両方の特徴が見られるが，オーストラリア英語は基本的にイギリス英語に忠実である。

・ピジンとはヨーロッパの言語と世界各地の言語が融合して商業取引に用いられる言語を指す。このように融合した言語がその社会の第一言語となるとクレオール語と呼ばれる。ピジン英語は前者で例であり，トク・ピジンは後者の例である。

第6章　おわりに
──英語のつづりと発音──

　英語のつづりの不規則性は昔からジョークにされてきた。その中でももっとも古典的なものは，ghoti という架空の単語は fish と同じ発音である，というものである。理屈は，cough の gh は /f/ と発音され，women の o の発音は /i/ で，nation の ti の発音は /ʃ/ なのだから ghoti の発音は /fiʃ/ になる，である。このジョークはアイルランドの劇作家で皮肉屋のジョージ・バーナード・ショーが考案したと英語史のテキストで書かれていることがあるが，2010 年 6 月 28 日のニューヨーク・タイムズ紙の記事によると発案者は別人のようである（高橋 (2012: 10)）。

　実際は，英語では語頭の gh を /f/ と発音しないし，oti を /iʃ/ とは発音しないから，ghoti を fish と発音することはありえない。英語のつづりの不規則性は誇張されているという意見もある。英語の語彙のおよそ 75％はほぼ規則的だが，不規則なつづりの語彙の多くが日常的で使用頻度が高いため「英語のつづりは不規則」という印象を与える，とも言われる。

　以下では，英語のつづりの「不規則性」の要因を歴史順におさ

らいする。

(1)　フランス語式つづり（中英語期）

　ME 期の写字生（scribe）の多くはノルマン・フレンチであっ
たため英語をフランス語のスペリングに変えてしまった。

>   OE sc → ME sh　　例 OE scip → ship
>   OE cw → ME qu　　例 OE cwen → quen → queen
>   OE h → ME gh　　　例 OE riht → right

(2)　印刷術がもたらした混乱（中英語後期～初期近代英語）

　初期の印刷者は外国人（特にノルマン人とオランダ人）が多く，
自分の母語のつづりを英語に当てはめた。さらに，16 世紀まで
は行末をそろえるために単語の語尾を省略したり，単語を縮約す
ることがあった。

(3)　大母音推移（中英語後期～初期近代英語）

　印刷術が紹介されてつづりが固定したために，書記体系が英語
の発音の変化に対応しなくなった。たとえば，15 世紀以後の大
母音推移により name, ride, way, house などの母音とつづり
にズレが生じた。また古英語の時代に発音されていた know や
knight の k, love の e などの文字が黙字になった。これら単語
のつづりは中英語の発音を反映している。

(4)　ラテン語・ギリシャ語式つづりの流行（初期近代英語）

　16 世紀になると英語の語彙をラテン語やギリシャ語風につづ
ることが流行した。このため reign（ラテン語では regnum）の g

や，debt（ラテン語では debitum）の b が加えられた。island は英語本来語であり元は iland とつづられていたが，英語話者がラテン語と誤解して s を加えたと言われる。

(5)　多様な言語からの借用（初期近代英語以降）

　16 世紀後期と 17 世紀初期にはたくさんの新しい借用語がフランス語（bizarre, grotesque など），ラテン語・ギリシャ語（anonymous, assassinate, crisis, critic, lexicon, pneumonia など），スペイン語・ポルトガル語（apricot, armada, embargo, hurricane），イタリア語（balcony, concerto, design, opera, piazza, solo, sonata）から英語に入ったが，これら多様な言語のつづり方が英語に混ざった。

　現代英語は語彙，文法，つづりのすべてにおいて高度の混種語である。本来語よりも借用語の数がはるかに上回り，インド・ヨーロッパ語族に属するが屈折の大半を消失したために語順への依存度が非常に高い（分析的）言語であり，頻度の高い語彙につづりの不規則が多い。

　未来の英語はどうなるのだろうか。アメリカのコラムニストのウィリアム・サファイア氏（William Safire）は "What Language in the Year 3000?" というコラムを 21 世紀直前に掲載している（1999 年 12 月 6 日，*International Herald Tribune*）。この記事によると，ある識者は 1066 年のノルマン征服のような大事件がもしアメリカに起こると，英語が劇的に変化する可能性があると考え，またある識者はアメリカ英語とイギリス英語は互いに意思疎通ができなくなるほど分離し，現在のフランス語とイタリア語のように別の言語になると予測する。その一方で，未来世界では自動翻訳機の発達により英語に限らず外国語を学ぶ必要が

まったくなくなると考える識者もいる。しかしインターネットの言語として，世界の政治，経済，交通，学問の共通語として，英語はしばらくの間は現在の地位を失うことはないだろう。

補章　*Oxford English Dictionary* という英語辞典

　この章では英語史と関係の深い*Oxford English Dictionary*（以後，OED）という世界最大の国語辞典を取りあげる。英語史を語る時にこの辞典の存在を切り離すことはできない。ここでは，まず歴史原則と実証主義を説明し（1節），次に OED の見方を第二版とオンライン版の比較を交えて述べる（2節）。

1.　歴史原則と実証主義

　OED という英語辞典の作成は国家プロジェクトであった。このプロジェクトが動き始めたのは 19 世紀半ばであるが，背景には当時のイギリスは「世界の工場」で「陽が沈むことのない大帝国」となったにもかかわらず学問的水準を満たした英語の大辞典がイギリスに存在しなかった事実がある（本田 (2005: 104-105)）。[1]

　[1] OED については多くの図書が刊行されているが，イギリス近代史の視点からの OED 作成については本田 (2005) に詳細な考察がある。

　ロンドン言語学協会が新しい英語辞典を構想したのは 1857 年である。ジェームズ・マレーが編集主幹に任命され，オックスフォード大学出版局が出版を引き受けたのは 1879 年である。OED 第一版の第一分冊は 1884 年に発行され 1928 年に最後の分冊が発行されるまで完成に 44 年の歳月を費やしている。しかし 1928 年の第一版の完成後も，補遺の出版（1933 年，1972 ～ 1986 年），第二版の出版（1989 年），デジタル化（1992 年），インターネットでの公開（2000 年），オンライン版（第三版）の完成などの重要な展開が続いている。

　この辞典のもっとも大きな特徴は，歴史原則と実証主義，の 2 点にある。歴史原則と実証主義とは何だろうか。この 2 点を理解するにはそのどちらでもない辞典——つまり通常の辞典——を見るとわかりやすい。たとえば humor を新英和大辞典（第六版，研究社）で調べると，アメリカ式とイギリス式のつづり，そして発音が表示され，次に名詞の用法には意味が以下の順に並んでいる。

1.　おかしみ，ユーモア
2.　（一時的な）気分，機嫌，気まぐれ，むら気
3.　（持ち前の）気質，気性
4.　《廃》湿気（moisture）
5.　〔古生理〕体液
6.　〔生物〕（動植物体内の種々の機能を果たす）液体
7.　〔古生理〕（活動力を促す，ホルモンなどの）分泌物
8.　〔病理〕（血液の病的状態によって起こる）吹出物

1 から 8 はもっとも基本的・一般的な意味・用法からそうでない意味・用法へと並んでいる。つまり 1 の「ユーモア」は現代英

語ではもっとも一般的な意味・用法であり，下に進むほど廃用か特殊な意味となる。これが「非歴史原則」の，つまりふつうの辞書の記載法である。

　通常の辞書では辞書編集者や英語母語話者による作例を挙げ実例とその出典は挙げない。つまりふつうの辞書とは「非実証主義」の辞書である。現代英語の学習にはこれで十分役目を果たす。

　しかし，もしある英単語について語源は何か，本来語か借用語か，もし後者ならいつどの言語から借用されたのか，英語に借用された時はどのような意味で，時代と共にどのように変遷してきたのか，を知りたいなら現代英語の辞書では不十分である。また，シェイクスピアの戯曲やロックの哲学書を読む人には，現代英語の辞書では間に合わない。なぜなら同じ語であっても現代と400年前では意味が違うことがあるためである。

2.　Oxford English Dictionary の見方・使い方
─第二版とオンライン版─

　次にこの節では，OED の見方を，筆者自身の経験に即して紹介したい。大学院生の頃，シェイクスピアのジュリアス・シーザーのテキストを読んだことがある。その時に次のくだりが出てきた。

> Is Brutus sick, and is it physical
> To walk unbraced and suck up the humours
> Of the dank morning?　　　　　　　　　(*Julius Caesar*, II, i)

　これはブルータスの様子が最近奇妙であることを妻のポーシャが案じる場面である。2行目に humours という単語が使われて

いる。suck（up）は「吸い込む」，dank は「湿った」という意味なので humours が「ユーモア」の意味であるはずがない。では何だろうか。そこで OED（当時は第二版）を引くと，17 世紀では「湿気」が humour の一般的な意味のひとつであり，しかもこのセリフがそのまま記載されていた。さらに OED を最後まで読み進めると「ユーモア」の意味が最初に現れるのは 17 世紀後半であり，ジュリアス・シーザーが書かれた 17 世紀初頭にはこの意味がないことがわかった。上の 3 行はおおむね「ブルータスは病気なのでしょうか。胸がはだけたまま歩き回り，じめじめした朝の湿気を吸い込んで体に良いはずがありません」の意味であることが判明した。

　OED の中身を実際に覗いてみよう。まず，全容がわかりやすい冊子体（第二版）から見る。H の巻にある humour を引くと，最初の 6 行は以下の記載がある。

> **humour**, **humor** （‘hju:mə(r), ‘ju:mə(r)）, *sb.*
> Also 4 umour, -or, 4–6 humure, 5 -ore, 5–6 -oure.
> [a. AF. (*h*)*umour*, F. (*h*)*umor*, *-ur*, mod. F.
> *humeur*, （＝It. *umore*, Sp., Pg. *humor*）: -- L.
> *hūmōrem*, more properly *ūmōr-em* fluid,
> moisture]

　1 行目の見出し語の humour はイギリス式，humor はアメリカ式つづりである。このすぐ横に発音が出てくるが，こちらもイギリス式発音が先でアメリカ式発音が後に続く。発音の横に *sb.* とある。これは名詞を表す古い表現 substantive の略である。

　2 行目に進むと 4，4–6，5 などの数字が見える。これらはそれぞれ 14 世紀，14 ～ 16 世紀，15 世紀を示し，14 世紀には

umour, -or, 14 〜 16 世紀には humure, 15 世紀には -ore など
のつづりがあったことを示す。

　3 行目から 6 行目のカッコは語源情報である。AF はアングロ・
フレンチ（Anglo French）の略である。F はフランス語, It はイ
タリア語, Sp と Pg はそれぞれスペイン語とポルトガル語, L
はラテン語を示す。このカッコ内の内容を大まかに言えば「hu-
mour の語源はアングロ・フレンチの (*h*)*umour* とフランス語の
(*h*)*umor*, *-ur* であり現代フランス語の humeur と関連する。さ
らにイタリア語の umore, スペイン語とポルトガル語の humor
とも関連し, 元は液体や湿気を意味するラテン語 *hūmōrem* や
ūmōr-em に由来する」である。『英語の辞書の話』（講談社学術文
庫）の著者, 加島祥造氏は OED を「英単語の戸籍簿」(p. 51) と
表現したが, まさにその通りである。

　少し下に進むと, いよいよ意味・用法が（原則として）歴史的
に古い順に並んでいる。humour / humor の記載は 2 ページに及
ぶが, 大きく I. Physical sense（物理的意味）と II. Senses denot-
ing mental quality or condition（心的特質または状態を表す意味）
の 2 つに分かれている。I. Physical sense には 1 から 3 の意味
が並び, それぞれがの用例が出典つきで記載されている。では **I**
の 1 を見よう。

　　I. Physical sense.
　　†1. Moisture; damp exhalation; vapour. *Obs.*

　1 という数字の前に † という印がついている。これは廃用の印
である。つまり「湿気・蒸気」という意味は今では使われない,
ということである。*Obs.* は Obsolete（廃用）の略である。次に
1382 年から 1697 年まで計 7 つの用例が並んでいる。OED 第二

版では，humour が「湿気・蒸気」の意味で使われた最初の例が1382 年，最後の例が 1697 年である。そしてこの中に以下のジュリアス・シーザーの一節が見つかる。

> **1601**．SHAKS. Jul. C. II.i. 262 To walk vnbraced, and sucke vp the humours Of the danke Morning. **1670** ... **1697** ...

I の 2 に移ろう。

> **2.** Any fluid or juice of an animal or plant, either natural or morbid.（Chiefly in mediaeval physiology; now *rare* or *arch.*）

これは「動物の体液や植物の樹液」という意味であり，主に中世の生理学の概念であり，現代では稀か古めかしい用法と記されている（*rare* or *arch.*）。この意味の使用例は 1340 年が最初であり，もっとも最近の例は 1833 年である。

I の 3 では，以下のように「目の硝子体（液）の一部」という意味が 1398 年の初出の例と共に記載されている。

> **3.** One of the transparent fluid or semi-fluid parts of the eye, ...

この時点で，英語における humour の最古の例が 1 にはなく，2 にはじめて現れていることに気づく。歴史原則の視点から言えばこれは不正確な記述である。後で見るように，OED 第三版ではこの問題が改善され，「体液・樹液」の意味が 1340 年の例と共に 1 として記載されている。

II. Senses denoting mental quality or condition には 4 から 7

まで計 4 つの意味が時代順に並ぶ。以下のように，まず 4「気質」
（初出の例は 1475 年）と 5「一時的気分・感情」（初出，1525）
を見よう。

II. Senses denoting mental quality or condition

4. Mental disposition (...); constitutional or habitual ten-
dency; temperament. ...

5. Temporary state of mind or feeling; mood, temper.

4 にはシェイクスピアの「じゃじゃ馬馴らし」から次の例が記
載されている。

1596 SHAK. *Tam. Shr*. iv. i. 212. Thus Ile curbe her
mad and headstrong humor.

この英語は "And this way I'll cure her wild and willful na-
ture." （かくして私は彼女の荒々しく頑固な性格を治してみせよう）など
と現代英語訳されている。

6 は「ある特定の性癖・好み，きまぐれの」（初出例，1565）
であり，最後に 7「ユーモア・滑稽さ」の意味が現れる。この初
出例は 1682 年である。

7. That quality of action, speech, or writing, which ex-
cites amusement; oddity, jocularity, facetiousness, comi-
cality, fun. …

1682. tr, *Glanius' Voy. Bengala* 142 The Cup was so
closed, that 'twas a difficult matter for us to open it, and
therefore the General gave it us on purpose, to divert
himself with the humour of it.

　なお，この「ユーモア・滑稽さ」の意味の humour の最新の用例は 1884 年のものである。

　次に OED オンライン版で調べよう。OED のホームページに入り Quick search と書かれたボックスに humour を打ち込み Go のボタンをクリックすると，名詞と動詞の humour の見出し語が現れる。名詞を選ぶと，以下の画面が現れる。

　第二版と同じく，見出し語が，英米語の順のつづりで現れる。その下の発音も英米の順に表記されている。Forms はつづりのことだが，第二版と異なり ME（中英語）としか書かれていない。しかし青色の（Show More）をクリックすると詳細な情報が得られ，16 世紀には humore, humoure, humor, humour, vmore, homour, houmore などと多様につづられていたことがわかる。

　Frequency（in current use）では，現代英語における使用頻度がわかる。以下，Origin（由来），Etymons（語の原形・語根），Etymology（語源）が以下のように簡潔に記載されている。

Origin: Of multiple origins. Partly a borrowing from French. Partly a borrowing from Latin.

Etymons: French *humor*; Latin *hūmor*.

Etymology: <(i) Anglo-Norman humor, *humour*, *humur*, *humure*, *hemur*, *homur*, *umor*, *umour*, (Show More)

Etymology については青字の（Show More）をクリックするとさらに詳しい情報が現れる。

　意味については第二版と同じく I. Physical senses と II. Senses denoting mental quality or condition, … の２つに分類されているが，具体的意味は計９項目に分かれている。そして以下の humour の初出の 1340 年の用例が（第二版とは異なり）I,1 の中に挙げられている。

> 1340 *Ayenbite* (1866) 153 (*MED*) To þe bodye of man comeþ alle eueles uor þe destempringe of þise uour qualites oþer of þise uour humours.

　また，ジュリアス・シーザーからの引用文は次のように第二版とは異なり ２「湿気」の項目に移動している。

2. In *singular* and *plural*. Moisture in the earth or air; vapour; water or another fluid coming from underground. Now *arch.* and *rare*.

1382.

*a***1616.** Shakespeare *Julius Caesar* (1623) ii. i. 261 To walke vnbraced, and sucke vp the humours Of the danke Morning.

またこの用例の直後の本のアイコンをクリックすると前後の文脈を見ることができる。

次に「II. Senses denoting mental quality or condition」では，5 から 9 まで計 4 項目がリストされている。「ユーモア」の意味は 9b に現れる。なお第三版には第二版の 1682 年の初出例が挙げられているが，1663 年の例が？の印と共に加えられている。

ちなみにオンライン版では「ユーモア」の意味の humour の最新の用例は次の 2013 年のものである（2018 年 3 月現在）。

> 2013 *Vanity Fair* Jan. 38/1 Appreciating bathroom humor and saucy bits far more than we tight-bungholed Yanks.

OED オンライン版には 3 つの特徴がある。第一に，個々の単語の表記の抜本的な見直し・修正がされている。第二版までは増補と拡充に留まっていた。第二に，検索機能がついている。たとえば，特定の言語からの借用語のリストとその借用年を容易に調べることができるし，中英語期のフランス語から英語への借用語を年代ごとに調べることもできる。第三に，第二版までのそれと異なり，現代英語の新語とその引用が大幅に拡充され，個々の語彙の使用頻度がわかるようになっている。つまり古い英語のみならず現代英語の最新情報も得られるようになっている。このように OED は歴史原則と実証主義を守りつつ改良・改訂を続けている。2018 年 3 月の OED のホームページには「60 万語，350 万の引用，1000 年におよぶ英語の歴史。OED の 90 回目の誕生日を私たちと共に祝おう！」と書かれている。

現在の OED は内容が定期的に更新されている。たとえば，2018 年には 700 以上の新語，語句，意味が加えられ，その中には hippity-hoppity（ヒップホップ風に歩く），や 100 以上のウェー

ルズ語からの借用語（たとえば, cwtch（食器棚）や cariad（恋人））
が含まれる。このように現在の OED はかつての「英単語の戸籍
簿」から「検索可能な毎年更新される英単語の戸籍簿」へと進化
を遂げている。

第 II 部

今の英語を歴史的に見る

第7章　英語でもっとも使われる
アルファベットの文字

　英語のアルファベットについて語ると必ず思い出す英文がある。それはアメリカの著名な人生相談コラム（Ann Landers' Advice Column）に寄せられた "Kxy Pxrson" というタイトルの手紙である。手紙は次のように始まる。

> AM I REALLY NEEDED?
>
> 　Xvxn though my typxwritxr is an old modxl, it works wxll xxcxpt for onx of thx kxys.　I'vx wishxd many timxs that it workxd pxrfxctly.　Trux, thxrx arx 42 kxys that function, but onx kxy not working makxs thx dif-fxrxncx. …
>
> ("Kxy Pxrson" December 19, 1988, Ann Landers' Column, Associated Press)

　タイプライターのキーが正常ならこの文は以下のようになるはずである。

AM I REALLY NEEDED?

Even though my typewriter is an old model, it works well except for one of the keys. I've wished many times that it worked perfectly. True, there are 42 keys that function, but one key not working makes the difference.
…

この英文は，タイプライターの文字が一つでも故障すると，いかに支障を来すかを実証している。

この文章は，私たちの組織もこのタイプライターと同じであり，たとえ自分がいなくても何も違いがない，とあなたは思うかもしれないが，一人でも欠けると組織はうまく機能しませんよ，だから今度自分の努力は不要ではないかと疑ったら「わたしは鍵を握る人物（key person）であり，みなが自分を必要としている，と自分に言い聞かせなさい」と次のように締めくくる。

Thx nxxt timx you think your xfforts arxn't nxxdxd, rxmxmbxr my typxwritxr, and say to yoursxlf, "I am a kxy pxrson and thxy nxxd mx vxry much."

英語の key にはタイプライターのキーの意味のほかに「主要な，鍵を握る」という意味があるために，最後の文 "I'm a key person." が効果的な語呂合わせになっている。

実は，この英文には仕掛けがある。それは壊れたキーに e を選んだことにある。e という文字は英語でもっとも頻繁に使われる。仮に壊れたキーが q や z ならさほど英文を書くのに支障がない。英語百科事典によると，英語のアルファベット文字を頻度順に並べると次のようになる（Crystal (2015: 265)）。

e a t i n o r s l h d c m u f p g b y w v k x j z q

つまり e が一位で，二位が a，三位が t で以下 i, n, o と続く。逆に，x, j, z, q などはもっとも頻度が低い。頻度の上位には母音を表す文字が多く，逆に頻度の下位はすべて子音を表す文字である。このリストの左から 12 文字（e から c）は英語の語彙のおよそ 80% で使われているとこの百科辞書は述べている。

e という文字の頻度が高い理由は機能の多様さにある。たとえば even の最初の e は長母音 /i:/ だが，語中の e は発音しない。well の e は短母音 /e/ だが keys の e は（y と共に）長母音 /i:/ を表す。have や give の e は黙字だが，単語が v で終わるのを避けるために添えられている。hate, mate, ride などの e も黙字だが語幹が二重母音であることを示す大切な働きをしている。

英語のアルファベットが最初から今の 26 文字であったわけではない。古英語のアルファベットには j, k, q, v, w がなかった（第 2 章を参照）。英語のアルファベットの母体は紀元前 1700 年に中東で生まれた北セム語のアルファベットに遡る。E/e もその一つである。E は英語では母音を表す文字だが，セム語のアルファベットでは子音を表していた。やがてギリシャ語では母音を表すようになり，その後にラテン語そして英語では大文字として使われるようになった。

セム語のアルファベットにルートがない文字もある。G/g が最初に現れるのは紀元前 4 世紀であり，ラテン語では C の代わりに使われ，古英語では /k/ の音を表していた。J/j はもっとも新しく，中世の時代に i の変種として生まれた。このためか j の発音は言語によってまちまちであり，英語では /dʒ/（たとえば judge）と発音するが，ドイツ語では /jú/ である（たとえば

jung）である。しかしスペイン語では /h/（たとえば japonés）である。

　K/k もセム語にまで遡るが，ラテン語ではほとんど使われず，/k/ の音に C や Q を使っていた。古英語でも /k/ の音を k ではなく c で表していた。たとえば queen（女王）は cwen, king（王様）は cyning とつづっていた。ところがノルマン征服（1066 年）の結果，centre や city のようなフランス語が英語に借用され c が /s/ の音も表すようになった。このため c が /k/ の音か /s/ の音かを区別するために K/k が使われるようになった。

　Q/q もセム語の文字に由来し，ギリシャ語でもラテン語で（少々姿を変えて）使われたが，古英語ではほとんど使われなかった。しかしノルマン征服の後にフランス式つづりが英語の本来語にも採用され，quick や queen は英語本来語であるにもかかわらずフランス語式つづりに変化し現在に至っている。現代英語で /k/ という子音を c で表したり（cut, cup），k で表したりするのはこのためである。

　u(U) と v(V) は形が似ている。これらはそれぞれひとつの文字であった。もっとも広く使われていたのは大文字 V に近い形である。その後二つの文字に分岐したが長い間区別されずに使われていた。英語では 17 世紀ごろから u と v が区別され始めたが，それでも現代なら u と書くべきところが v であったりその逆もあった。一般には以下のように v は単語の頭に，u は単語の中で使われていた（第 4 章を参照）。

　　　Thou wilt not vtter what thou do'st not know

　　　　　　　　　　　　　　　　　　（ヘンリー四世 I, 2 幕 3 場）

　　　This Euening must I leaue thee, gentle Kate.　　　（同上）

現代英語なら vtter は utter，Euening は Evening，leaue は leave である。

　文字の歴史から見ても，英語は日本語と異なる。日本語（とその原型）は少なくとも3万年以上は無文字であったが4世紀前後に文字（漢字）が借用され，8世紀（奈良時代）以降に漢字から片仮名そして平仮名が考案された。対照的に，英語は最初から文字を有していた。5世紀にブリテン島に侵入したアングロ・サクソン人は2〜3世紀ごろから使っているルーン文字を使っていた。しかし6世紀末のキリスト教の伝来とともにローマ文字に取って代わられ，中英語期にはルーン文字が徐々に消え，新たに j と v がアルファベットに加えられた。その結果が現在の英語アルファベットである。

　この章のポイント：
・英語でもっとも使われるアルファベットの文字は e である。もっとも使われない文字は q である。頻度の上位には母音を表すものが多く，下位はすべて子音である。
・英語のアルファベット文字の多くは中東の北セム語（紀元前1700年頃）の文字まで遡る。
・j, k, q, v, w は英語のアルファベットに後から加えられた。j はもっとも新しい文字であるため言語により発音に違いがある。

第8章　英語でもっとも使われる語彙

　英語でもっとも使われる語彙は何だろうか。英語の大規模デー
タ（British National Corpus）の調査によると，一位は定冠詞
the であり英語の語彙の使用頻度のトップ 30 には以下が含まれ
る（*Questions of English*, Oxford University Press）。

> the of and a to in is that it was he
> for as on which his be at you I are this
> by from had have they not or one

　このリストを見ると，普通名詞がひとつもなく，動詞は be と
have のみである。あるのは冠詞（a と the），前置詞（of, to, in
など），代名詞（he, which, his, you, I, they など），指示詞
（this），接続詞（and, or）である。トップ 50 までリストを広げ
ても，普通名詞や一般動詞は word と say しかないらしい。

　多くの言語には数十万もの語彙があるが，語彙の分け方には少
なくとも二つある。ひとつは，本来語と借用語を分ける方法であ
り，他のひとつは内容語と機能語に分ける方法である。本来語と

借用語の区別は自明と思われるが，内容語と機能語の区別は少々説明を要する。内容語とは「文の実質的な内容を表す語彙」と定義され，名詞，動詞，形容詞などが含まれる。機能語とは文の中の内容語同士の意味関係を表す語彙と言われる。英語では冠詞，前置詞，代名詞，助動詞，接続詞などが含まれ，日本語の助詞（「は」「が」「へ」「ね」「よ」など）も機能語である。しかし内容語と機能語に絶対的な区別があるわけではない。実は，内容語に「機能」がないわけではないし，機能語に「内容」がないわけではない。

　語彙の二つの区分には大切な相関関係がある。いかなる言語でも機能語はふつう本来語である。日本語の場合も，助詞を含め機能語はすべて和語である。日本語には膨大な数の漢語やヨーロッパ諸言語からの借用語彙があるが，そのほとんどは日本語の中では名詞つまり「内容語」にしかならない。ある研究によると，現代日本語の語彙の 7.3% を英語からの借用語が占め，その総数 7045 のうち 94% が名詞である (Loveday (1996: 101–117), cited in Matras (2009: 168))。

　第 2 章で触れたが，they は古ノルド語に起源があるが，このように借用語が機能語（代名詞）になるのは珍しい現象である。これは古英語と古ノルド語がお互いにゲルマン語であり，文化的格差もなかったのが大きな要因とされる。they は以下のように現代英語（の会話）で anyone を "he or she" などと言い換えることを避けるための便利な表現となっている。

　　　If anyone wants to know where I've gone, *they* just need to read the sign on the door.

　さて，単語の使用頻度とその長短にはおおまかな相関関係があ

ることがわかっている。簡単に言えば，X と Y という二つの語彙の意味・機能が類似するなら，短い単語の方が使用頻度が高い。たとえば，in は into より頻度が高い。with は within より使用頻度が高く，on は onto より be は become より使用頻度が高い。上のトップ 30 に入る語彙をもう一度眺めるとすべてが 1 音節である。トップ 100 位に入る語彙で 2 音節は many, water, number, make などごくわずかである。長い単語を日常的に高い頻度で使うのは経済的でないし，単語は長いほど記憶しづらい。このため長い単語は使用度が増えると短縮されることが多い。たとえば，advertisement は会話ではアメリカでは ad, イギリスでは advert と言うのがふつうである。

　機能語に限らず，内容語でも基本語彙には本来語が多い。たとえば，身体部位を表す語彙の eye, foot, hand, heart, arm, bone などは本来語である。人にとって身近な自然現象，地形，自然物を表す語彙の day, field, earth, land, sun, moon, water なども本来語である。基本動詞の eat, look, look, love, see, sit, sleep, speak, run, walk なども英語の本来語である。ただし短い日常的な語彙だから必ず本来語とは限らず，street, sky, very などはすべて借用語（それぞれラテン語，古ノルド語，フランス語）である。また mother, father, child, son, daughter, brother は本来語だが，aunt, uncle, cousin はフランス語からの借用語である。基本動詞では get, take が借用語（古ノルド語）である。

　次の英語の未来を語る記事の一部を見よう。

　　Half the world's population will be speaking or learning English by 2015, researchers say.　Two billion people

130

are expected to start learning English within a decade and three billion will speak it, says a British Council estimate.

Other languages, such as French, risk becoming the casualties of this "linguistic globalisation". But the boom will be over by 2050 and the English-language teaching industry will have become a victim of its own success, says David Graddol, author of the report, *The Future of English*.

(By James Burleigh, *The Independent*, 9 December 2004)

ここから 1000 年前の英語に存在しなかった語彙を除くと次のような空白ができる。

Half the world's ___ will be speaking or learning English by 2015, ___ say. Two ___ ___ are ___ to start learning English within ___ ___ and three ___ ___ will speak it, says ___ British ___ ___.
Other ___ , such as French, ___ becoming the ___ of this " ___ ___ ". But the will be over by 2050 and the English- ___ teaching ___ will have become ___ ___ of its own ___ , says David Graddol, ___ of the ___ , The ___ of English.

除かれたのは a 以外すべて内容語である。現代英語のおよそ 75%は外来語と言われるが，その多くは古英語には存在しなかった。

この章のポイント：

・英語でもっとも使われる単語は定冠詞 the と言われるが，of, and, a, to, in, is, that, was, he な ど も 使用頻度が高い。

・語彙は本来語と外来語に分類できるが，内容語と機能語にも分類できる。内容語には本来語と借用語のどちらもあるが，機能語のほとんどは本来語である。

・使用頻度の高い語彙は一般に音節が少ない。サイズの大きい語彙は使用頻度が低い傾向がある。

第9章　いつも大文字の "**I**" と
　　　四つの意味を持つ "**you**"

　I と you は英語を習う時に初めに覚える言葉である。この二つの単語にはそれぞれ奇妙なことがある。I はいつも大文字でつづる。周知のように，英語の大文字は文頭の単語の最初の文字，固有名詞（たとえば，John, Catherine）や略語（たとえば，ATM）などに使うのが原則である。この原則に従うなら，"**I** know what you mean." は良いが "Can **I** have your name?" や "You must know **I** love you." は誤りである。本来は "Can **i** have your name?" や "You must know **i** love you." が正しいはずである。

　「わたし」以外の代名詞は文中では決して大文字にしない。you も she も we も they もすべて英語の書記ルールに従っている。つまり "**We** strongly believe **she** is the best candidate for this position." とか "Do **we** have to finish this work by this Friday? Come on!", "Are **they** really interested in this book?" と表記する。なぜ I だけを特別扱いするのだろうか。この現象が *New York Times* のコラムで取り上げられたことがある（"Is the verti-

132

cal pronoun really such a capital idea?" 2008.8.3)。コラムの著者 Caroline Winter 氏によると，「わたし」だけをいつも大文字で表記するのは英語だけであると言う。フランス語でもドイツ語でもヒンズー語でもそのようなことはなく，日本語では「わたし」は大文字どころかしばしば省略されると述べている。

　実は古英語の時代には，I は小文字の ic（や ich, i）でつづられていた。OED には次のような例がある。

> West Saxon Gospels: John (Corpus Cambr.) viii. 55 Ic hyne cann, & gif ic secge þæt ic hine ne cunne, ic beo leas.

　この古英語のテキストでは，文頭では（大文字の）Ic，文中では（小文字の）ic となっている。ところが中英語期以降になると英語の発音とつづりの変化があり，以下のような小文字の表記 i が文献に表れる。

> a1250 Wohunge ure Lauerd in R. Morris Old Eng. Homilies (1868) 1st Ser. 283 A hwat schal i nu don?

13 世紀の "i" は，/i:/ と発音されたと考えられるが，その後の時代に起こった大母音推移により今の /ai/ の発音になった。小文字の i の表記が姿を消した理由として，このコラムは文中で単独の i は「意味の重さに反してみすぼらしくて誤植と間違えられるのを避ける」ためであろう，という識者の見解を紹介している。[1]

　もしこれが真相だとすると，特に崇高な理由があったからでは

---

[1] 岸田・早坂・奥村（2018: 112-113）にやや異なる角度から詳しい説明がある。

なく見栄えの問題で大文字 I の表記が定着したことになる。英語で I 以外に一文字の単語は不定冠詞 a くらいであろう。a は one の発音が弱まってできたが，「単独ではみすぼらしい」から大文字（たとえば "She gave me A headache."）にすべきである，とはだれも思わなかったようである。

少し前にブログで以下のような文章を見たことがある。

> Heyy I lovee your blog! im not a blogger but i LOVEE to write.　My teachers and friends always say im very talented but ...

この書き手は「わたし」を小文字の i で表記している。このようなくだけた若者言葉を「だらしのない書き方」とか「無教養」と受け取る人もいる。しかし 700 年以上前にも 1 人称代名詞をこのように小文字の i で表記していたことを知る英語話者はあまり多くはないだろう。

you についても奇妙なことがある。you には 4 種類の意味がある。つまり「あなたは／が」（単数主格），「あなたたちは／が」（複数主格），「あなたを／に」（単数目的格）と「あなたたちを／に」（複数目的格）である。現代英語の you は聞き手を指すのか，それとも一般的な one を指すのかが紛らわしいことがある原因となっている。

I の意味はひとつなのに，なぜ you には四つも意味があるのだろうか。歴史的には，you の元の意味は「あなたたちを／に」（複数目的格）である。古英語で「あなたは／が」（2 人称単数主格）は þū（後の thou）であった（第 2 章を参照）。中英語期になっても þū は残るが，初期近代英語になると þū はつづりも発音も変化して thou になった。これと並行して you が単数主格に適用

され，thou は近しい相手や目下の相手に，you は目上の相手に使う敬称として使い分けられるようになった。ちなみに複数の人称代名詞で敬意を示すのはドイツ語やフランス語などでも見られ「敬称複数」と呼ばれる。しかし thou は次第に衰退し，現在では古語，文語であり特定の文脈でしか使われない。

　ドイツ語，フランス語，ロシア語などでは 2 種類の 2 人称代名詞が残っているのに，なぜ英語では thou が姿を消したのだろうか。ひとつの説として，イギリスで起こった産業革命とそれに伴う人口移動を結びつける考え方がある。つまり，それまでのイギリス社会は狭い特定の人々とのつきあいが多かったが，人口移動により急にたくさんの見知らぬ人々との接触が増えたため，相手との距離を置く丁重な you の使用が増えたのではないか，というものである。ある歴史書によると，ロンドンの人口は 1750 年には 70 万人ほどだが 1850 年には 3 倍以上増えて 240 万人になり，地方都市のマンチェスター，バーミンガム，グラスゴーは商工業都市として，リヴァプールは港湾都市として急成長し，1750 年にはそれぞれ人口 2 万人ほどだったものが百年後には 20 〜 40 万人，つまり 10 倍から 20 倍も増えている。この中には外国からの労働者も含まれていた（近藤（2013: 194-195））。このような社会変化が英語に影響を与えた可能性は十分にある。ただし thou の衰退と人口増加を関連づける説の信憑性を確かめるには 2 種類の 2 人称代名詞を保持する国ではイギリスで起こったような社会変化がなかったかどうかを調べる必要があるだろう。

　日本語の会話と比べると英語の会話では相手のファーストネームを（文末に）添えることが多い。筆者の印象では，ドイツ語やフランス語よりも英語のほうがこの傾向が強いようだ。ネイティヴの人にこのことを尋ねると you だけだと少々そっけない感じ

がするようだ。この現象は親しい関係に使われる thou を英語が
失ったことと無関係ではなさそうである。

この章のポイント：
・現代英語では I を大文字でつづるが，元の形は iċ，ich で
　二文字か三文字であった。これが発音・つづりの変化で i
　の一文字になったが，意味の重さを考慮して大文字になっ
　たと考えられる。
・ネットで見られる小文字の i による 1 人称代名詞の表記
　は 13 世紀にも見られる。
・you には四つの意味があるが，複数の「あなたたちを／に」
　（目的格）が元の意味であり，単数の「あなたは／が」の意
　味は初期近代英語期に加わった意味である。今では古語・
　文語だが thou が本来の 2 人称単数代名詞である。

第10章　プリウス (**the Prius**) の複数形は何か

　プリウスというハイブリッド車がある。この車が *International-al Herald Tribune* のコラムで話題になったことがある。コラムのタイトルは "Plural trouble"（複数形をめぐるトラブル）である（2011年3月14日）。内容は，アメリカのトヨタがプリウス (the Prius) の複数形を決めるためにネット投票を行ったという話である。Prius という名詞を複数にするのはアメリカ人にとってやっかいらしい。理由は，語尾が -s であり，ラテン語の響きをもつためである（実際，トヨタの CM ではプリウスとはラテン語で「先駆け」を意味すると説明している）。この投票には180万人以上が参加し以下の集計結果が出た。

　　　(1) Prii (25%)　　(2) Prius (24%)　　(3) Priuses (20%)
　　　(4) Prien (18%)　　(5) Prium (13%)

　1位は Prii だが，2位の Prius とは僅差である。Prii はラテン語式の複数形であり，syllabus の複数形 syllabi と同じパターンである。2位の Prius は単複同形にすべきという提案であり，3位の

Priuses はむろん英語式の複数形を充てようという発想である。

　現代英語の名詞の複数形は一貫性のない文法システムに感じられることがある。英語の複数形は -s と教わるが，そうではない不規則な名詞がかなりあり，いちいち暗記しなければならない。困るのは，互いにつづり・発音が類似していても複数形がまったく異なることが少なくない事実である。house と mouse は発音・つづりが似ているが，複数形はそれぞれ houses と mice である（ただし，コンピューターの「マウス」の複数形には mouses を使う人が多い）。goose の複数形は geese だが moose は単複同形である。

　英語の名詞の複数形は英語の歴史を写し出す。第Ⅰ部第2章で扱ったように，-s 型の規則的複数形は，古英語の男性強変化名詞の主格（と対格）の複数形に由来する。一方で，不規則な複数形は古英語型と外来語型（主にラテン語型）の二つに分かれる。現代英語では stone も house も book も -s を添えると複数形になるが，古英語ではそれぞれ異なっていた。以下を見よう。

〈古英語の複数形（主格と対格形のみ表示）〉

		単数	複数	
A	stone:	stān	stānas	（強変化男性）
	house:	hūs	hūs	（強変化中性）
	eye:	ēage	ēagan	（弱変化中性）
	book:	bōc	bēċ	（母音交替型）
B	tooth	tōþ	tēþ	
	goose	gōs	gēs	
	mouse:	mūs	mȳs	
	man:	mann	menn	

　A のグループの名詞はすべて現代英語では -s 型複数だが，古英語ではそれぞれ複数形が異なっていた。ox–oxen も A の（弱変化男性名詞の）の一例である。book は古英語では B の母音交替型であったが，中英語期に規則型（-s 型）に変化した。B のグループは古英語の不規則複数名詞が現代に残ったものであり，これらのほかに，foot–feet や woman–women などがある。

　booth「仕切り席，ブース」は tooth と外見が似ている。しかし booth は 12 世紀の古ノルド語からの借用語である。中英語期以降の借用語は（後に述べるラテン語起源の名詞を除き）-s 型複数になっている。moose（アメリカヘラジカ）は goose と発音もつづりも似ているが，17 世紀初期のアメリカ先住民の言語（アブナキ語（Abnaki））からの借用語であるが，単複同形なので例外的である。

　もうひとつの不規則複数形は，主にラテン語起源である。focus の複数形は focuses と foci の二つあるが，前者は英語式で後者はラテン語式の複数形である。syllabus の二つの複数形，syllabuses と syllabi，も同様であるが後者の方が好まれる。media は本来 medium（媒体）の複数形だが，現代英語では the media（マスメディア）として使われ，ふつうは単数扱いである。data ももともとラテン語で実は複数形だが，英語では以下のように複数形だけでなく単数形としても使われている。

> The accumulated **data** is recorded and stored because the material flow must be traceable.
>
> Three playbacks are planned, to ensure that all recorded **data** are safely transmitted to Earth.
>
> 　　　　　　　　　（例は *Oxford Dictionary of English* より）

data には datum という本来の単数形があるが，datum はほとんど使われない。stadium（スタジアム）もラテン語借用語でもとは単数形だが，こちらは複数形の stadia がほとんど使われない。「三つのスタジアム」は "three stadia" ではなく "three stadiums" がふつうである。

　このように，英語にはたくさんのラテン語起源の名詞があるが，英語の複数形を当てはめたり，ラテン語の複数形を当てはめたり，両方を併用するなど，かなり混沌としているのが現状である。

　　この章のポイント：

　・現代英語の名詞には規則的複数形（-s）と不規則複数形の2種類がある。

　・規則的複数形（-s）は古英語の男性強変化名詞の主格（と対格）の複数形に由来する。不規則な複数形には古英語の複数形（feet, mice, men など）とラテン語の複数形（foci, media, syllabi など）の2種類がある。

第 11 章　**shined** と **shone**
── 英語の不規則動詞と規則動詞 ──

　エスペラント語という人工言語がある。発明者はザメンホフ（正式にはラザロ・ルドヴィコ・ザメンホフ）という帝政ロシア領（当時）ポーランド出身のユダヤ人眼科医である。ザメンホフは，世界中のあらゆる人が簡単に学べる国際補助語を目指してエスペラント語を作ったと言われる。創案は 1887 年だが現在，世界に 100 万人から 200 万人の話者がいると想定される。

　エスペラント語のもっとも大きな特徴は，不規則が非常に少ないことである。日本エスペラント協会のサイト「エスペラント 1 分間講座」（http://www.jei.or.jp/hp/leciono.htm）によると，品詞はだいたい語尾を見るとわかる。名詞の語尾は o なので「愛」は amo，「存在」は esto，「踊り」は danco である。動詞の現在形の語尾は as なので「愛する」は amas，「〜である」は estas，「踊る」は dancas である。動詞の過去形は必ず is であり「愛した」は amis，「〜であった」は estis，「踊った」は dancis という具合である。すべての動詞は「規則動詞」である。西欧の多くの言語とは異なり，エスペラント語には動詞の人称変化もない。おおま

かに言えば，ラテン語に即した語根を使い屈折変化を最低限にとどめ規則性を追求した言語とでも言えそうである。

一例を示そう。「私はあなたを愛する」はエスペラント語で，

　　　Mi amas vin.

と言う。過去「私はあなたを愛した」なら，動詞を amas から amis に変えて，

　　　Mi amis vin.

と言う。すべての動詞が規則動詞なので，語尾を as から is に変えると正しい過去形になる。たとえば「私は歌う」は，

　　　Mi kantas.

だが，過去の「私は歌った」は，

　　　Mi kantis.

である。

英語はエスペラント語とは大違いである。規則動詞だけでなくたくさんの不規則動詞がある。love の過去は loved だが，sing の過去形は singed ではなく sang である。面倒なのは，英語ではつづりや発音から規則動詞か不規則動詞かを予測できないことである。たとえば，eat の過去形は ate だが，beat の過去形は beat である。teach の過去形は taught だが preach の過去形は preached である。すべての動詞がエスペラント語のように規則動詞ならどんなに英語学習が楽だろうか。

英語の規則動詞と不規則動詞のルーツは，古英語の弱変化動詞と強変化動詞にあるが，中英語期になると多くの強変化動詞が弱

変化動詞に転換した（第 2 章と第 3 章を参照）。eat は古英語の強変化動詞 'etan' であり，（3 人称）現在形の itt，が現代英語の eat，（単数）過去形の ǣt が ate の元になっている。beat も古英語の強変化動詞（'bēatan'）であり，過去形は bēot であった。しかし中英語期に弱変化過去形 bēated（ME: bēted）の -ed が消失した形 beat に取って代わられた。今の英語では現在と過去が同形となっている（『英語語源辞典』研究社より）。

　teach は古英語では弱変化動詞 'tǣċan' で，（3 人称）現在形は tǣcþ，過去形は tǣhte，過去分詞形は tǣht であった。しかし長母音 ǣ は二重子音 ht の前であるため tahte を経て taught になった（『英語語源辞典』より）。一方，preach は 13 世紀にフランス語から借用され，中英語期以降に借用された他の動詞（たとえば accuse, carry, dance, dress, judge, pardon, use, wait など）と同じく弱変化（規則）動詞となっている。つまり teach と preach は，系統の違いのために前者は不規則動詞で後者は規則動詞なのである。現代英語の不規則動詞はほとんどが英語本来語であり，get は借用語（13 世紀，古ノルド語）でありながら不規則動詞となった稀な例である。[1]

　英語の動詞は規則動詞か不規則動詞のふつうどちらかに定まっているが，以下の例が示すように shine には規則変化（弱変化）と不規則変化（強変化）の 2 種類の過去形がある。

> I **shined** your shoes for you.　（他動詞「磨いた」）
> The sun **shone** all afternoon.　（自動詞「照っていた」）

---

[1] なお，give と take を古ノルド語からの借用と記載する文献・辞典もあるが，英語本来語の対応する動詞との区別は必ずしも判然としない。

　つまり shined は「磨いた」の意味であり，shone は「照ってい
た」の意味である。*I shone your shoes. は誤りである。shine
は古英語では強変化動詞だったが，中英語期には弱変化の過去形
shined が主に用いられるようになったが，16 世紀後半に shone
という過去形・過去分詞形が現れ，そのまま廃れずに残ってい
る。

　この章のポイント：
　・現代英語の不規則動詞のほとんどは英語本来語である。た
　　だし get は例外で古ノルド語起源である。
　・現代英語の規則動詞は，英語本来語と借用語の 2 種類が
　　ある。

第 12 章 kind の否定語は unkind なのに なぜ accurate の否定語は inaccurate か

　kind の否定語は unkind である。しかし accurate の否定語は inaccurate である。*unaccurate ではない。文学部の英語学概論の最初の授業でこの理由を受講学生に尋ねると「そういう風に決まっていると思っていた」とか「中学や高校の授業で理由を教わった記憶がない」という反応であった。

　unkind の un- は接頭辞と呼ばれる。un- で否定語を作る形容詞は他にも unaware, unfair, unhappy, unsafe, unwilling など多数ある。一方で，in- で否定語を作る形容詞も inactive, inaccurate, inconsiderate, inconvenient, insecure, incomplete などかなりある。un- で否定語を作る形容詞はふつう in- で否定語を作ることができないし，in- で否定語を作る形容詞はふつう un- で否定語を作ることができない。どちらか一つがなければ英語学習者には楽であろう。

　否定辞に un- と in- のどちらを使うかはでたらめに決まっているわけではない。語源と深い関係がある。簡単に言えば，英語本来の形容詞なら un- を，フランス語・ラテン語系の形容詞な

ら in- が原則である。un- は英語本来の接頭辞だが，in- はフランス語・ラテン語系である。一般に接辞は同系統の語彙と結びつくのが原則である。kind という形容詞は英語本来語なので否定語が unkind なのは当然なのである。aware, fair, willing のほか done, forgotten も英語系なので同様に un- で否定語を作る。例外は happy である。happy はもともと「偶然，運，まぐれ」を意味する古ノルド語 'happ' から中英語期に英語に借用され，その後 -y が加えられたものである。しかし古ノルド語は古英語と同じゲルマン語であり，happy は卑近な使用頻度の高い日常語であるため英語本来語として否定語が作られている。これに対し accurate, convenient, considerate, comprehensible などはラテン語からの借用語であるため in- で否定語を作るのは原則通りということになる。

　しかしこの原則に例外がないわけではない。特に un- は英語系の接頭辞なので造語力が強い。このためフランス語借用語と結びつくことがあり，これによってできた語彙は混種語（hybrid）と呼ばれる。comfortable は 14 世紀のフランス語からの借用語であるが否定語は uncomfortable である。原則通りなら *incomfortable のはずである。ほかにも academic, conventional, married, safe, touchable などはフランス語借用語だが，un- で否定語を作る。このように un- は英語系のみならず（ラテン語を除く）外来系の形容詞とも結びつきやすい。たとえば，conceivable の否定語は inconceivable がふつうだが，母語話者の間でも揺れがあり unconceivable と言う人もいる。secure（ラテン語からの借用語）の否定語は insecure なので原則通りだが，unsecured という過去分詞形容詞もあり「保証のない・無担保の・(戸

などが）閉められていない」などの意味で使われる。[1]

　un- という接頭辞は，形容詞だけでなく副詞や動詞にも付加される。動詞の場合は unbend, undo, unfold, unman, unsettle, unmask, untie など多数あるが，これらは mask（1560 年のフランス語借用語）を除きすべてが英語本来語である。なお，un- と異なり in- は動詞とは用いられない。

　non- や a- も否定語を作る。non- は中英語期にアングロ・フランス語または古フランス語から借用され，形容詞（nonalcoholic, nonexistent, nonhuman, nonstandard）や名詞（non-Catholic, nonconformist, nonfiction）に付加される。研究社大英和辞典（第 5 版）と英語語源辞典は，in- と un- は積極的に「反対」の意を含む傾向があるが，一方で non- はふつう消極的に「否定・欠如」の意を表す，と説明する。

　a- という接頭辞には複数の種類がある。否定を表すのはギリシャ語起源のものであり，amoral, asexual, atypical, atheistic などラテン語またはギリシャ語起源の語と用いられる。[2]

　最後に，「再び，新たに，相互の」などを含め多様な意味をもつ接頭辞 re- も（中英語期に）フランス語・ラテン語から借用された。このため当然ながら re- は react, reconsider, reschedule などフランス語・ラテン語起源の動詞と用いられることが多い。しかし rethink, rerun, reshape, restart など英語の動詞とも用いられる点で，外来系の接頭辞でありながら例外的に造語力が強い。

---

[1] 接頭辞の un- と in- については寺澤（2008: 68）に有益な考察がある。
[2] これに対して afoot, ashore, aside, asleep の a- は on の非強勢形であり，英語本来語（の名詞）と共に使われる。

　英語の主な接頭辞を英語系とフランス語・ラテン語系に分けて
整理しよう。

〈英語の主な接頭辞〉

英語系　un-　　＋形容詞 unaware, unkind, unselfish
　　　　　　　　＋動詞 unsettle, untie
　　　　　　　　＋名詞 unkindness, unrest, untruth

　　　　a-　　（on の非強勢形）：＋名詞 afoot, ashore, aside,
　　　　　　　 asleep

　　　　a-　　（of の非強勢形）：＋名詞 akin, ＋形容詞 anew

フランス語・ラテン語系

　　　　in-　　＋形容詞 inconvenient, incredible, infertile

　　　　a-　　＋形容詞 amoral, asexual, atypical

　　　　non-　＋形容詞 nonexistent, nonhuman
　　　　　　　　＋名詞 nonconformist, nonfiction

　　　　ex-　　＋名詞 ex-husband, ex-wife, ex-president

　　　　re-　　＋動詞 react, reconsider, rethink, rerun

この章のポイント：

・kind の否定語が unkind なのに accurate の否定語が inac-
　curate なのは，前者が英語系，後者がフランス語・ラテ
　ン語系であることに要因がある。

・英語の接頭辞は大きく英語系（un-, a-（＝on, of など）
　とフランス語・ラテン語系（in-, a-（＝not, without な
　ど））の 2 グループがある。

・英語系の接頭辞は，一般に造語力が強い。このため英語系
　のみならず外来系の語彙と共に用いられることがある。一

方で，フランス語・ラテン語系の接頭辞はふつう同系の語彙に使用が限定される。ただし re- は，フランス語・ラテン語系の接頭辞だが，一部の英語系の動詞（run, start, think など）と共に用いられる。

第 13 章　kind の名詞形は kindness なのに pure の名詞形が purity なのはなぜか

　前章で，形容詞 kind の否定語がなぜ unkind であり *inkind ではないかを歴史的に説明した。名詞形のつくり方についても同様の問題がある。kind の名詞形は -ness を加えて kindness である。cold や lonely の名詞形もそれぞれ coldness と loneliness であり，happy の名詞形も happiness である。

　では pure はどうだろう。名詞形は purity がふつうである（pureness も一部の辞書には載っている）。active の名詞形も ac-tivity（活動）がふつうである（activeness は「活発さ」を意味する）。-ness と -ity の区別も覚えるのは楽ではない。

　-ness や -ity は接尾辞と呼ばれる。英語には名詞を作る時に -ness を使うものと -ity を使うものがあり，いずれも使える形容詞もあるが，以下のようにどちらか一方の形がふつうである。

　　-ness 型：　cold　　happy　kind　lonely　　sad
　　-ity 型：　　active　odd　　pure　regular　profane

　形容詞と接尾辞の組み合わせも語源と深く関わっている。

-ness は英語系の接尾辞であり，古英語では 'næs' または 'nes' であった。上記の -ness 型の形容詞は，happy（古ノルド語）を除きすべてが英語本来語である。lonely は alone の a が脱落した lone に -ly が結合し17世紀に出現したが，alone 自体は all と one が中英語期に合体したものである。つまり以下のような変遷を遂げている。

all＋one → alone → lone＋-ly → lonely

　このほかにも「英語本来の形容詞＋-ness」型の名詞は非常に多く，coolness, wellness, togetherness などもその例である。一方で，-ity はフランス語系の接尾辞であり，上の -ity 型の形容詞は，odd（古ノルド語）を除くとすべてフランス語からの借用語である。実は odd の名詞形には oddness もあり，歴史的には oddness は14世紀末に初出の例があり oddity（初出は18世紀初頭）より古い。しかしなぜか現代では oddity のほうが一般的である。

　例外はあるものの，-ness も -ity も同系統の形容詞と結びつく傾向が強い。英語系の接尾辞は（接頭辞の場合と同様）造語力が強いため，英語本来の形容詞だけでなくフランス語・ラテン語からの借用語の形容詞とも合体する。たとえば，quiet は14世紀のフランス語（かラテン語）からの借用語だが，-ness で名詞形を作る（quietness）。close と sure はフランス語系だが，名詞形はそれぞれ closeness, sureness である。一方で，フランス語系の -ity が英語系の形容詞と結びつく例を見つけるのは難しい。

　-ness と -ity の語源に基づく使い分けは，人を表す接尾辞 -er と -ist にも見られる。-er は英語本来の接尾辞である一方，-ist はギリシャ語起源でありラテン語に借用されフランス語を介して

中英語期に英語に入った。このため -ist で終わる語彙の多くはフランス語かラテン語（あるいはギリシャ語）に起源がある (dentist, economist, hedonist, novelist, socialist, economist など）。ただし Buddhist（Buddha はサンスクリット語）や Islamist（Islam はアラビア語）は例外である。

　楽器を演奏する人を日本語では「〜奏者」と言う。日本語では楽器の種類と関係なく「ピアノ奏者」，「バイオリン奏者」，「ドラム奏者」，「トランペット奏者」と言えるが，英語では楽器によって接尾辞が使い分けられる。たとえば，「ピアノ奏者」は pianist である。「バイオリン奏者」も violinist だが，「ドラム奏者」は drummer である。ドラムと同じくパーカッションも打楽器だが「パーカッション奏者」は percussionist である。管楽器に目を転じると「トランペット奏者」は trumpeter だが「サキソホーン奏者」は saxophonist であり「クラリネット奏者」も clarinetist である。*saxophoner とか *charinetter とは言わない。

　少し調査をすると，「奏者」を -er で表すか -ist で表すかも語源が関わることがわかる。drum は英語本来語ではないが（ゲルマン語の）オランダ語（か他の低地ドイツ語）から 15 世紀に借用されている。これに対し，violin と piano はイタリア語からそれぞれ 16 世紀と 19 世紀に借用されている。percussion, clarinet, saxophone はすべてフランス語からそれぞれ 15 世紀，18 世紀，19 世紀，に借用されている。つまり，英語やゲルマン系の言語からの借用語が表す楽器の奏者には一般に -er が付き，フランス語やイタリア語からの借用語が表す楽器の奏者には -ist が使われていることになる。ただし trumpet は 1300 頃の古フランス語からの借用語だが，-ist ではなく -er をつけ trumpeter である。

　興味深いのは harp である。「ハープ奏者」は harper とも harpist とも言う。harp は英語本来語であり harper という表現は古英語期から存在した（'hearpere'）。一方で harpist が使われた最初の記録は 17 世紀初頭である。なぜ「トランペット奏者」を（*trumpetist ではなく）trumpeter と呼び，なぜ「ハープ奏者」は harper とも harpist とも言うのかは不明である。

　英語の接尾辞と語源の関係を簡単にまとめよう。

〈英語の主な接尾辞〉

英語起源　-er：　speaker, computer, blogger, right fielder

　　　　　　-ness：　kindness, sadness, togetherness

　　　　　　-ship：　friendship, companionship, citizenship

　　　　　　-dom：　kingdom, freedom

　　　　　　-ful：　handful, mouthful, playful

フランス語起源　-ess：　princess, shepherdess

　　　　　　　　-age：　mileage, percentage, postage

　　　　　　　　-ity：　activity, regularity, profanity, purity

　　　　　　　　-ive：　active, massive, sportive

フランス語・ラテン語起源　-able：　comfortable, agreeable

　　　　　　　　　　　　-al：　　historical, comical, arrival

　　　　　　　　　　　　-ment：　government, excitement

ラテン語起源　-tion：　action, vacation, congratulation

　次に接頭辞と接尾辞を含めた混種語をリストしよう。

〈混種語の例〉

　(i)　接辞が英語起源（造語力が強い）

　　　uncomfortable＝un-（英語）＋comfortable（フランス

語・ラテン語）

unhappy＝un-（英語）＋happy（古ノルド語）

compos**er**＝compose（フランス語）＋-er（英語）

beauti**ful**＝beauty（フランス語）＋-ful（英語）

close**ness**＝close（フランス語）＋-ness（英語）

serv**ing**＝serve（フランス語）＋-ing（英語）

(ii) 接辞がフランス語かラテン語起源

refill＝re-（ラテン語）＋fill（英語）

odd**ity**＝odd（古ノルド語）＋ity（フランス語）

drink**able**＝drink（英語）＋-able（フランス語／ラテン語）

godd**ess**＝god（英語）＋-ess（フランス語）

short**age**＝short（英語）＋-age（フランス語）

　-er は，英語のすべての接辞の中でもっとも造語力が強い。たとえば『プログレッシブ英語逆引き辞典』(1999 年，小学館）は 1900 以上の -er を含む語彙を記載している。しかし実際には 5000 語を超えるだろう。OED には emailer（初出 1986 年），blogger（同 1999 年），YouTuber（同 2006 年）などの新しい用例が記載されている。-er には，(i) 英語系なので語幹の言語系統を選ばない，(ii) 動詞だけでなく多様な名詞にも付加される，(iii)（ハイフンを含む）複合名詞にも付加される（right fielder, back-to-schooler），(iv) 表す意味範囲が広い，などの造語力を強める特徴がある。

　古英語期の -er（'-ere'）は主に「人間」を意味したが，時代が進むにつれて人間が使う道具（duster, magnifier, can opener），特定の地域に住む人（New Yorker, Londoner），そして抽象的な

（出来事的）概念（fundraiser, ice breaker, thriller）も表すようになり意味が広がった。これからも新しい職業，新しい人間のタイプ，新しい道具，新しい出来事・事態が出現するたびに，-erは新しい名詞を生産し続けることだろう。

　　この章のポイント：
・接尾辞にも英語系（-er, -ness, -ful など）と外来系（-ist, -ity, -able など）がある。
・ピアノ奏者（pianist）とドラム奏者（drummer）のように接尾辞が -ist と -er に分かれるのは語源の違いに由来する。-ist はおおむねイタリア語やフランス語系で，-er はゲルマン語系である。
・一般に英語系の接辞は造語力が強いが，-er という接頭辞は英語のすべての接辞の中でもっとも造語力が強い。

第14章　動詞になった **friend**
── 英語の新語形成 ──

SNS などで「友達リストに加える」ことを friend で表現することを第4章で述べた。このような用法をまだ記載していない辞書もあるが，OED はこの用法を "To add (a person) to a list of friends or contacts on a social networking website." と定義する。以下は初出例である。

> 2004 Harvard Crimson (Electronic ed.) 4 Mar. [He] clearly just spends his days sitting by his laptop indiscriminately friending people.

friend の否定語の defriend については，"To remove (a person) from a list of friends or contacts on a social networking website" と定義し，以下の 2004 年が OED の初出の例である。

> 2004 Argh in alt.pub.kacees (Usenet newsgroup) 13 Dec. They've defriended her. Blocked her from IM. Marked her emails as spam.

friend は純粋な名詞というイメージが強いが，意外なことに，friend は英語で動詞としても長く使われていた。OED によると，動詞の friend の初出の例は 1225 年であり「友達を得る」とか「支持する」「味方する」などの意味で長らく使われていた。実は，次のような 20 世紀末の使用例も見つかる。

> 1984 M. S. K. Baluch Literary Hist. Baluchis II. ii.
> 296 Both time and circumstances friended him, and never made him fawn, beg and seek.

このように名詞を動詞で使うことを品詞転換という。品詞転換とは英語における主要な新語形成のひとつであり，英語の新語形成には次のおよそ 10 パターンがある。

(1)　語形成の主要な 4 パターン

接頭辞化（prefixation）：a-typical, un-kind, in-convenient

接尾辞化（suffixation）：design-er, play-ful, happi-ly

品詞転換（conversion）：water, hand, clear, email, text

複合語（compounding）：carpool, lipstick, weekend, get-together, hit-and-run, round-the-clock, rye bread, point of view

(2)　語形成の他の 6 パターン

切除（clipping）：info (information), memo (memorandum), typo (typographic error), app (application program)

頭字語（acronym）：AI, PC, MLB, UNESCO

158

　　　混成（混合）語（blend）：smog（smoke＋fog），Neti-
　　　　quette（Net＋etiquette）
　　　重複（reduplification）：goody-goody，wishy-washy
　　　逆（形）成（back formation）：liaise（liaison），baby-
　　　　sit，typewrite
　　　語根創造（root creation）：bow-wow，oink，splash

　接頭辞化（prefixation）については第 12 章で，接尾辞化（suf-
fixation）については第 13 章で取り上げたとおりである。複合語
（compounding）とは，二つ以上の単語を組み合わせた carpool
や website のような単語である。(1) の主要パターンは非常に造
語力が強い。

　(2) の切除（clipping）は，単語の一部を切除して作った言葉
である。頭字語（acronym）も切除と同じく縮約だが，頭文字を
残す方法である。JFK（John Fitzgerald Kennedy）や FB（Face-
book）なども広く知られる頭字語である。混成（混合）語（blend）
は，複数の単語を組み合わせる点で複合語と似ているが，既存の
単語の一部を削除する点が異なる。混種語と紛らわしいが，混種
語は互いに語源の異なる要素を合体させるが，混成・混合はそう
ではなく単に複数の単語（の部分）を融合させたものである。混
成語の古典的な例 brunch（breakfast＋lunch）は「遅い朝食」を
意味し，OED の初出例は 1895 年である。smog（smoke＋fog）
の OED の初出は 1905 年である。英語のもっとも新しい混成語
のひとつは Brexit であろう。これは Britain's exit（from EU）
を略したものだが「EU からのイギリスの離脱（とそれに付随す
る政治的手続き）」を意味する。以下は OED の例である。

　　2012 P. Wilding in *BlogActiv.eu*（blog）15 May（O.E.D.

Archive）（title）Stumbling towards the Brexit: Britain, a referendum and an ever-closer reckoning.

　smombie というスラング的な言葉が話題になることがあるが，これは smartphone と zombie の混成語である。「スマホでメッセージを書くかゲームで遊びながら歩き回る人」だが，進む方向を見ずに頭を垂れて歩く姿をゾンビーになぞらえているらしい。ドイツ語で最初に使われたと言われ，やがて英語を含む他言語にも少々広がっているが，2019 年 3 月時点で OED には記載がない。最後に，逆（形）成（back formation）とは，語幹の一部を接尾辞と混同してこれをとり去ってできた新語であり，語根創造（root creation）は，オノマトペのように既存の語や接辞を含まない語形成を指す。

　品詞転換と切除について少々補足する。品詞転換とは，語形を変えずに品詞を変えることだが，名詞から動詞の転換例は英語ではきわめて多い。water には古英語の時代から名詞と動詞がある。hand は初めに動詞として使われたのは中英語期（15 世紀）である。clear という形容詞はフランス語借用語で初出は 1290 年だが，1340 年に最初の動詞の使用例がある。現代における名詞から動詞への品詞転換で身近な例は，email（元は electronic mail）や text であろう。この二つの言葉は西暦 2000 年前後から動詞で使われることが急増している。OED の email の初出は 1979 年であり，以下が動詞としての最初の用例である。

　　1983 *Computokid* in *net.micro*（Usenet newsgroup）25 Aug. Young stuff interested in correspondence（via dull old paper mail）might email a letter to me to forward.

一方で，text は 14 世紀末のフランス語借用語である。text は純粋な名詞と考える人がいるが，16 世紀末から 19 世紀までは動詞としても使われていた。以下は 17 世紀の例である。

> 1639 J. Shirley *Maides Revenge* iii. sig. Ev Would..every
> Character [had] Beene tex'd with blood.

ここでは「（テクスト書体・大文字で）書き込む」という意味だが，19 世紀末までにこのような text の動詞用法は一度廃れた。しかし近年になって，デジタル革命の到来と共に「（携帯電話などで）文字通信機能を使ってメッセージを送る」の意味で動詞の用法が以下のように復活している。

> 2001 *Leicester Mercury* (Electronic ed.) 31 July
> > I texted my mother and my friends when I got my
> > results.

ただし email や text を動詞として使うことに抵抗がある英語話者もいるため，これらを「俗語」，「口語」と表記する辞書が多い。公式の場面や文章では避けるのが無難ということであろう。2010 年 8 月 2 日の *New York Times* に "Verbed!" という興味深いコラムが掲載されている。辞書編集者である著者（Erin McKean 氏）は，英語の歴史から判断していかなる単語も動詞化される可能性があると言い，たとえば，次のように me や tomorrow を動詞で使う状況は容易に想像できると述べる。

> She me'd him too much and they broke up.
> My boss tomorrowed the meeting again.

名詞を動詞で使うひとつの理由はその手軽さであろう。sent a

text message と打つより texted のほうが時間の節約になる。このコラムによると，名詞で通常使われている語彙を動詞にすると脳が活性化されることを示す心理実験研究があると言う。

　耳慣れない新語形成への反応は，誰がそれを発信するかにより異なるという意見もある。たとえば，シェイクスピアが peace, uncle, ghost を英語で初めて動詞で使ったと聞くと「さすがは天才！」と誉め称える人がいるが，職場の上司が "solutionize a problem"（「問題を解決する」の意）などと言うと「どうして "solve a problem" と言えないんだ！」という反応になりやすい（"Mutant Verbs" by Helen Sword, *New York Times* 2012.10.29）。

　動詞から名詞への転換もよく起こる。たとえば，get-together はその一つである。動詞から名詞への転換については "Those irritating verbs-as-nouns" という記事（*New York Times*, 2013.4.1, Henry Hitchings 氏）が以下のような英語を話題にしている。

　　Do you have a solve for this problem?
　　That was the epic fail.
　　What is the ask?

　動詞でしか使えないはずの solve, fail, ask が名詞で使われている。このような表現に拒否反応を示す英語話者は少なくない。しかしコラムによると，solve は 18 世紀には名詞として使われ，fail の名詞用法は failure より歴史が古く，ask は名詞として千年以上の使用の歴史があると言う。

　切除についても人により好き嫌いがあるようだ。totally を totes と切除したり，casual を cazh, inappropriate を inappropres と切除するのを耳障りと感じる人がいる。しかしその一方で英語話者は gas（＝gasoline），chimp（＝chimpanzee），exam

（＝examination），flu （＝influenza）などの切除語に長らく依存
しているのも事実である（"Why we love and loathe clipped
words"（*Boston Globe*, 2011.10.24, Erin McKean））。スマホの app
は "application program" を切除したものだが，これに目くじら
を立てる人はなぜかだれもいないようだ。

この章のポイント：

・英語の語形成にはおよそ 10 パターンがある。

・接辞，複合，品詞転換は造語力が強く，それ以外は混成，
切除を含め造語力がやや弱い。品詞転換の中では名詞から
動詞への転換がもっとも多い。

・新語に対しては母語話者の好き嫌いがあるが，あるものは
定着してまたあるものは廃れる。

第 15 章 "my friend Jessie" と "my friend, Jessie"
——英語の句読法——

次の英文を見よう。

I went to see the movie, "Midnight in Paris" with my friend, Jessie.

この文は「私は友達のジェシーとミッドナイト・イン・パリという映画を見に行きました」という意味になりそうでならない，と "The most comma mistakes" というコラムの著者 Ben Yagoda 氏が述べている（*International Herald Tribune*, 2012.5.28）。問題はコンマの使い方にあり，アメリカの大学生のレポートでも頻繁に見られる誤りであると Yagoda 氏は言う。

　この記事によると，"the movie, Midnight in Paris" の "the movie" と "Midnight in Paris" の間にコンマ（,）があるため，この語句は「世界中で唯一の映画ミッドナイト・イン・パリ」という意味になる。同様に "my friend, Jessie" の "my friend" と "Jessie" の間にもコンマがあるので Jessie が「書き手の唯一の友達」という解釈になる。

　ではどうしたら良いのだろうか。次のようにコンマを削除すると良い，と Yagoda 氏は提案する。

> I went to see the movie "Midnight in Paris" with my friend Jessie.

　では，次の英語のコンマはどうだろうか。

> I went to see Woody Allen's latest movie, "Midnight in Paris," with my oldest friend, Jessie.

この文のコンマは適切であり，もしコンマを省くと以下のような不適切な文になると Agoda 氏は説明する。

> I went to see Woody Allen's latest movie "Midnight in Paris" with my oldest friend Jessie.

　理由は，この映画がウッディ・アレンの唯一の最新作であり，ジェシーが書き手の唯一の一番古い友達であるからだ，と述べる。

　英語のコンマは編集者泣かせらしい。Jan Freeman 氏は編集者としてコンマをめぐる長年にわたる苦労談を "The pause that annoys" というコラムで語っている (*Boston Globe*, 2010.9.27)。たとえば，*The Chicago Manual of Style* は以下の文には Betty が文の書き手のただ一人のお姉さんであるという含みがあると解説する。

> My older sister, Betty, taught me the alphabet.

理由は，"sister" と "Betty" がコンマで隔てられているからである。一方で，次の文は "sister" と "Enid" の間にコンマがないた

め，Enid 以外の姉妹がいることが含意される。

My sister Enid lets me hold her doll.

　しかしこの論理に従うと，仮に「Penn の娘のマーガレット」を記事にする時に面倒な事態が起こる。なぜなら Penn という人に娘が一人しかいないのかどうかを確認しないと（コンマつきの）"Penn's daughter, Margaret" と書くべきか，それとも（コンマなしの）"Penn's daughter Margaret" と書くべきかがわからないからである。しかしそれは記事の本筋と無関係なことであり，このような誰も興味がない事実の確認に非常に多くの時間が費やされてしまうことを氏は嘆いている。

　Freeman 氏はさらに続ける。「私の夫，デイヴ」はどう表記するのか。（コンマつきの）"my husband, Dave" か（コンマなしの）"my husband Dave" か。後者にコンマがないからといって私の夫が複数いると受け取る人がいるだろうか。氏によると，この種の厳格なコンマ使用の規範は 20 世紀半ばに一部の人が提唱して広がったが，必ずしも万人に守られているわけではないと言う。コンマの運用はもっと柔軟にしてはどうかと，この記事を締めくくっている。

　現代英語の句読法は初めから存在したわけではない。ウィリアム・カクストン（William Caxton）が活版印刷をイギリスに持ち込んだのは 15 世紀半ばだが，その後急速に広まっていった。しかし現代的な句読法は 19 世紀になるまでは確立しなかった。実は 19 世紀以降の作家もひとりひとり句読法がまちまちなことが多く，中には句読法などの校正は出版社まかせの作家もいたと言う。

　コンマを含む句読法が英語話者にとっても面倒であるなら，日

本人の英語学習者にとってなおさら面倒なのは言うまでもない。日本の学校の英語教育でも句読法はあまりきちんと教えられていない。以前に勤務していた大学の一般英語のクラスで，

> She loved her father （　） in fact （　） she practically worshipped him.

という英文を黒板に書き，（　）に適切と思われる句読点を「コンマ（,）」，「セミコロン（;）」，「コロン（:）」，「ダッシュ（−）」から選んで入れてください」というエクササイズを試みたことがある。2 カ所とも適切に回答した学生は非常に少なかった。

　また，

> English, psychology, history, and art, these were the courses I took last quarter.

について「この英文は句読点に誤りがあります。正しく直してください」と問うと正解者は一人もいなかった。受講生に尋ねると，コロンとセミコロンの違いもダッシュとコンマの違いも，学校，塾，予備校などで習ったことがないと言う。

　コロンは 15 世紀から使われたが，当初は主要なポーズ（休止）や意味の切れ目を表していた。しかし現代では直前の内容を詳細に述べたり，例を示したり，時間（たとえば 6:30）を表すために主に使われている。セミコロンも同じく 15 世紀から使われているが，当初はコロンとコンマの中間のポーズと考えられた。しかし現代では複雑な構文の並列要素や長いリストの切れ目など用途が多様になっている。

　参考までに，上の 2 つのエクササイズの回答（の一例）は以下のようになる。

She loved her father; in fact, she practically worshipped him.

English, psychology, history, and art—these were the courses I took last quarter.

　現在の句読法の使用原則（あるいは常識）がこのまま変わらないとも限らない。50 年や 100 年後にはどのように変化しているのかはまったく予測がつかない。

　この章のポイント：

・"my friend Jessie"（コンマなし）と "my friend, Jessie"（コンマなし）は意味が違う。

・イギリスで活版印刷が始まった 15 世紀半ば以後に句読点が発展したが，現代的な句読法が確立したのは 19 世紀以降である。

・現代英語の句読法については基本原則があるが個人差も大きい。

第 16 章 **simple の比較形は simpler か, more simple か**

　英語が母語ではなくとも英語が上手な人は世界にはたくさんいる。しかしそのような人でも "This apartment is **more nice** than that one." などと間違えることがある。以前に，大学の文学部 2 年生対象のクラスで受講者に「tired の比較級は more tired ですか，tireder ですか」と尋ねると全員が more tired と答えた。「quiet はどうですか？ quieter ですか？ more quiet ですか？」と問うと全員が「more quiet」と答えた。「では simple の比較級はどうですか？ simpler ですか？ more simple ですか？」と尋ねると不安な表情を浮かべた。

　多くの大学生は，ひとつの形容詞の比較級はどちらか一つだけが正しいと考えているらしい。もちろん short の比較級は shorter しかないし beautiful の比較級は more beautiful しかない。しかし tired, quiet, simple の比較級は -er（屈折型）と more（分析型）のどちらも可能である。『ジーニアス英和辞典』（第 4 版）は，この点について「現代英語では，本来 -er 型であったものが随時 more 型に移行していく傾向がある。したがって，現在両方

の型を取る語もかなり多い」と解説し，以下の原則を記述する。

(1)　単音節語：通例 -er をつける
(2)　2 音節語：-er のみ可，-er / more どちらも可，more の
　　　み可の 3 タイプがある。
(3)　3 音節以上の語：すべて more をつける。

　実は，(1) の「単音節語：通例 -er をつける」の「通例」とい
う言葉が少し厄介である。real, right, wrong は単音節だが比較
には more を使う。次は more real の実例である。

　　　I want to be more real than all the others. I want to be
　　　more real than all the rest.　　(2017 SPOK.NPR. Fresh Air)

　語尾が -ed の形容詞（pleased, bored）は単音節でも more で
比較を表す。ただしすでに述べたが tired は -er / more のどちら
も可能であり，pleased や bored と異なる。以下は tireder が使
われている実例である。

　　　I, -you know, my daughter noticed that I was older and
　　　tireder somewhere around eight or nine years old.　(2007,
　　　SPOK, NPR_TalkNation)

　(2) の 2 音節語の形容詞は，語尾が -y なら比較形は -er
（easy → easier, happy → happier），語尾が -ly や -er なら
er / more どちらも可（friendly → friendlier / more friendly, clev-
er → cleverer / more clever），語尾が -ous や -ful なら more の
み（famous → more famous / *famouser, playful → more play-
ful / *playfuller）と解説されている。
　なお，-er と more のいずれの比較形でも可と辞書・文法書に

記載されていても，実際の使用頻度に大きな差があるのは珍しくない。COCA（現代アメリカ英語の大規模コーパス）で tired, quiet, simple の比較級・最上級形を検索すると以下の結果が得られる（2018 年 7 月 1 日実施）。

-er 型	件数	more 型	件数
tireder	7	more tired	212
quieter	1897	more quiet	134
simpler	3815	more simple	196

つまり tired の比較形は more tired が tireder の 20 倍以上使用頻度が高いが，逆に quiet と simple は -er 型が圧倒的に優勢である。WORD というソフトはアメリカ英語の表記法に基づいているが tireder と打つと誤りを示す赤い波線が現れる。しかし知人のアメリカ人に尋ねると「tireder も使いますよ」という返答であった。

　現代英語の形容詞の比較級については他にも厄介な点がある。日本語では「彼女のデザインは彼の（もの）よりユニークです」と言える。ところが英語では unique を比較級で使うのは正しくないとされる。アメリカの著名なコラムニスト・スピーチライターとして知られたウィリアム・サファイア氏は，"Uniquer than unique? I don't think so" というコラムの中で unique を比較級で使うことに反対し，unique は「唯一無二」という絶対概念なのだから "uniquer" は "more pregnant" と同じくらい奇妙だと述べている（*International Herald Tribune*, 2007.6.25）。

　しかし実際には unique が比較級で使われている実例は容易に見つかる。COCA で検索すると 111 件出てくる（2018 年 7 月

25 日実施）。ただし uniquer は 0 件ですべてが次のように more unique である。

> Styles are moving toward a **more unique**, well-rounded look with girls being active - less princess and a lot more of everything else, like Tutus with boy T-shirts," she says.　　　　　(2016. NEWS. *The Boston Globe*. 10.6)

　サファイア氏は，one-off という表現（OED の初出は 1934 年）の使用増加を「unique の退廃」と関連づけて考えている。つまり unique の「唯一無二」の意味が弱体化するのに伴い，one-off がその代用表現になったのではないかと推測する。確かに次のような one-off の最近の使用例を見るとこの指摘はうなずける。

> It's a **one-off** creation that took two years to make, and has already been sold to a lucky collector.
> 　　　　　(2017. MAG. Gizmodo 8.4, COCA)

　この文中の one-off は unique でパラフレーズできそうである。英語の本来の比較級・最上級は -er / -est である。more と most という語彙は古英語期から存在したが，比較級の用法は後の時代に発達した。more は古英語では「サイズ・数がより大きい」という具体的な意味をもち，most は古英語期には「最大の，大部分」という具体的な意味しかなかった。more や most が形容詞の比較級・最上級を表すようになったのは中英語期以降である。以下は 15 世紀のテキストからの例である。

> a1425 (▶c1400) Mandeville's Trav. (Titus C.xvi)
> (1919) 37 This weye is most schort.

この文は「この道がもっとも短い」という意味だが，現在なら (the) shortest となるところだが most schort となっている。

初期近代英語の時代（1500 〜 1700）には，現代英語と異なる次のような二重比較法が見られる（第Ⅰ部第4章）。

> The Duke of Milan / and his **more braver** daughter could controul thee.　　　　　(Shakespeare, *The Tempest*)
>
> This was the **most unkindest** cut of all.
>
> 　　　　　　　　　　　(Shakespeare, *Julius Caesar*)

現代英語ならもちろん more braver や most unkindest という表現は誤りだが，シェイクスピアの時代は許されていた。最後の例は「これは何というむごたらしい一撃だ」などと訳されるが，ジュリアス・シーザーの無惨な死体を前にしてアントニーがローマの群衆に "Friends, Romans, countrymen, lend me your ears." （友人たち，ローマ人，同胞たち，どうか耳を貸してほしい）と語りかけて煽動していく有名な演説の一部である。二重比較法は，シェイクスピアの時代の文法の柔軟さの表れとも，韻文のリズムを整えるためであったとも言われる。

さて現代英語では unkind の最上級は most unkind も unkindest もどちらも可能である。ではどちらがよく使われるのだろうか。再び COCA で検索すると unkindest が 29 件，most unkind が 4 件見つかる。さらに次の例が示すように unkindest 29 件中 26 件が "the unkindest cut" であった。

> It's the **unkindest cut** of all: the Republican sneak attack.　　　　　　　　　　(2004.SPOK. Fox_Sunday)
>
> But the **unkindest cut** came in his notoriously frank

1970 ROLLING STONE interview.

(2003.MAG. RollingStone)

　シェイクスピアの英語が現代にも生き続けていることを思い知らされる。

　第 I 部で取り上げたように，英語の歴史とは屈折型言語（たとえば quieter）から分析型言語（more quiet）への移行の歴史である。この流れに沿うなら，英語では -er / -est 型の比較法がいずれ廃れるはずである。しかし実際はそれほど単純ではない。最近の研究は，-er か more の選択にその形容詞の使用頻度が大きな影響を及ぼすことを明らかにしている。たとえば easy の比較形はふつう easier だが，queasy の比較形はふつう more queasy である。これは easy が queasy よりはるかに使用頻度が高いためである (Hilpert (2008))。また humble という形容詞は比較形でよく使われるため屈折型の humbler がふつうである。一方，比較形で使うことが稀な形容詞（たとえば able など）は more 型 (more able) が使われる傾向があると言う。このような複雑な要因が絡むため，英語の 2 種類の比較級・最上級の併用はなかなか消えそうにない。

　この章のポイント：

・2 種類の比較級・最上級を取る形容詞は少なくない。ただしその場合に使用頻度に大きな差があることが多い。

・3 音節かそれ以上の形容詞の比較級・最上級はだいたい more / most 型だが，2 音節の形容詞には 2 種類の比較級・最上級を取るものが多い。1 音節の形容詞の多くは -er / -est 型だが中には real, pleased などのように more / most 型

しか取らない形容詞もある。

・形容詞の比較形の選択には音節数と語尾の発音だけでなく使用頻度が関与する。頻繁に使われる形容詞は -er 型，そうではない形容詞は more 型が使われることもある。

第 17 章　動詞から生まれた助動詞

　英語には can, do, will, shall, may, must などたくさんの助動詞がある。さてこれらの助動詞を比べると do だけが他と異なる。以下のように do は動詞として使える。

　　助動詞の do：　She doesn't like him. / Do you really like
　　　　　　　　　　him?
　　動詞の do：　　She did a good job.

　他の助動詞は動詞にならない。たとえば *He could it. とは言えない。英語の助動詞のほとんどは中英語期までは動詞であり助動詞ではなかった。以下は中英語期のチョーサーのテキストにおける can の使用例である。

　c1405（c1390））Chaucer *Miller's Tale*（Hengwrt）
　（2003）Prol. l. 18 I kan a noble tale for the nones.

　"I kan（＝can）a noble tale for the nones" とあるが，can は目的語 a noble tale の動詞であり。現代英語訳すると "I know a noble tale for this occasion" である。寺澤（2008: 127）は，can の意味の変遷を次のように分析する。

　can〈知る〉→〈能力・可能〉→〈許可〉→〈軽い義務・命令〉

　つまり can の元の意味は〈知る〉だが，そこから〈能力〉の意味が生まれ，さらに 16 世紀中頃から〈許可〉の意味が表れた，と述べている。

　動詞から助動詞の成立は，世界の言語で広く見られる現象である。日本語の「その絵をください」と「その絵を見せてください」を考えよう。前者の「ください」は動詞で，後者の「ください」は補助動詞である。補助動詞の「ください」は動詞の「ください」から生まれている。第 I 部第 4 章でも触れたが，助動詞の do は初期近代英語の発達であり，シェイクスピアの時代には do 付きと do 無しの疑問文・否定文が共存していた。ただし最初から do の助動詞のすべての用法が確立していたわけではない。スウェーデンの言語学者 Ellegård（1953）によると，助動詞 do は 15 世紀から見られるが，16 世紀では否定疑問文の使用が多く，これに続くのが肯定疑問文と否定文であった。否定命令文（Don't follow me. など）は 17 世紀以前にはあまり使われていなかったと考えられている。

　以下のような be going to も現代英語では未来を表す大切な助動詞である。

　　I think I'm going to stay at home and watch videos.

しかし，この表現が定着したのは 17 世紀以後である。古英語期はもちろんのこと中英語期にも存在しなかった。Hopper and Traugott（1993）は，助動詞の be going to の成立には次のよう

な段階があったと言う。

第一段階　be going [to visit Bill]
　　　　　継続　　　　目的を表す
　　　　　be going と to visit Bill がまだ統語的に切り離
　　　　　されて，「ビルに会うために出かけるところだ」
　　　　　を意味する
第二段階　[be going to] visit Bill
　　　　　未来　　　　　　移動動詞
　　　　　be going to がひとつの統語単位になる（再分析）
　　　　　ただし動詞は移動動詞に限られる
第三段階　[be going to] like Bill
　　　　　移動動詞以外の動詞に使用が広がる（類推）
第四段階　[gonna] like / vist Bill
　　　　　音韻縮小が起こる

　つまり，be going to が未来を表すようになるのは第二段階で
あるが，この段階では移動動詞にしか使われなかった。しかし第
三段階では移動動詞以外の動詞にも使われるようになり，この時
点で助動詞の地位が確立している。最後の第四段階では be go-
ing to の使用の増加に伴い gonna という縮約形が現れる。

　ではなぜ go が be going to で未来を表す助動詞になったのだ
ろうか。たとえば，なぜ be running to や be walking to や be
splinting to ではないのだろうか。少なくとも 2 つの要因が指摘
されている。ひとつは，go という動詞の意味に未来を表す素地
があったというものである（Sweetser (1988)）。この説によると，
go の基本的意味は，話者を取り巻く空間からある実体（＝go の
主語）が離れ去る空間移動である。この空間移動の意味がメタ

ファー的に時間に転用されると動詞 go の主語が現在から未来への時間移動を意味するようになる，という説明である。一般に空間から時間へ意味が広がる現象はすべての言語で見られる現象であり，たとえば英語の前置詞の多くは空間（at the table, in the bath）だけでなく時間（at three o'clock, in a week）を表し，日本語の助詞の「で」「まで」「に」なども同様である。さらにこのような意味転換は意味が一般的な動詞に起こりやすいと言う。run や walk は go と比べると意味の具体性が高いためこの種のメタファーが起こりにくいというのがこのメタファー説の論点である。

　別の要因として，"be V-ing to" というパターンにおける go の使用頻度の高さを挙げる研究者がいる。アメリカの言語学者の Joan Bybee (2006: 719-721) は，シェイクスピア全作品で "be V-ing to" は全体で 8 件あるが，そのうち go が 6 件で go 以外の動詞は 2 件（journey と send がそれぞれ 1 件）のみと報告している。以下は『冬物語』における be going to の例である。

> ... the kings and the princes, our kindred, are going to see the queen's picture. (*Winter's Tale*, v.2)

　この時期は，be going to の未来用法が未発達であり "to see ..." は目的を表している。つまり「女王様の肖像画を拝見するために出かけるところだ」の意味である。しかしやがて be going to が頻繁に使われるようになると英語話者はこれをひとつのユニットと認識（あるいは勘違い）する。つまり "be V-ing"＋"to V" という本来の構文から "be V-ing to" と "V" に再分析された，というのが Bybee の主張である。be going to は現代では口語で gonna と縮約され，ますますひとつの語彙のように認識さ

れることがある。gonna は主語が 1 人称の時に表れやすいなど
be going to とは異なる独自の特性を示す。

　ここまで，英語の助動詞の多くは動詞から誕生したことを述べ
た。このように「機能語」が「内容語」からできることを言語学
では文法化（grammaticalization）と呼ぶ。文法化は重要な言語
変化のひとつであるが，動詞から助動詞の成立だけではなく，第
12 章および第 13 章で扱った接辞の成立も含まれる。たとえば，
名詞に添える接尾辞 -ful を考えよう。この接尾辞を含む単語
は beautiful, careful, cheerful, insightful, joyful, playful,
spoonful などたくさんあるが，-ful は以下のような英語本来の
形容詞の full から生まれている。

> The whole street is **full** of quite beautiful patisserie
> shops.
>
> Don't talk with your mouth **full**.

　形容詞 full は何かの「数・量が多い，空きがない」を意味し，
接尾辞 -ful はこの意味を継承しているが元の形容詞よりも意味
がやや抽象化・一般化している。たとえば OED を見ると，
careful は "full of grief" の意味で古英語期から存在したが（car-
ful），playful は 13 世紀，spoonful は 14 世紀，beautiful は 15
世紀が初出である。一方で meaningful は 19 世紀（1852 年），
insightful は 20 世紀（1907 年）が初出である。時代が進むにつ
れて抽象的な概念への適用が増えている。

**　この章のポイント：**

・英語の助動詞の多くは動詞から生まれた。do, can, will,
　may などの現在の助動詞は中英語期まで動詞であった。

・未来を表す助動詞 be going to は初期近代英語期に発達したが，シェイクスピアの頃は未発達であった。
・go が未来を表すようになった要因は，この動詞の内在的意味と使用頻度の高さにあったと考えられる。
・英語の接辞の多くも内容語から生まれた。

第18章　意味変化のパターン

　第Ⅰ部の補章で humor という単語の意味の変遷を *Oxford English Dictionary* に基づき観察した。簡単に言えば，humor はアングロ・フランス語から英語に借用された後，「湿気」→「体液，樹液」→「気質」→「一時的気分」→「性向」→「ユーモア，滑稽さ」という風に意味が変遷・拡大したことを見た。このように言葉の意味は変化する。初期近代英語期には存在した「湿気」の意味は現代の humor ではかなり廃れ，現代の humor の「ユーモア」の意味は初期近代英語期にはなかった。この章では言葉がどのように変化するのかを見ていく。

　意味変化とは多岐にわたるのは言うまでもない。しかしそれはまったく無秩序ではなく一定の方向性があることがわかっている。以下は英語史の古典で指摘されている意味変化のパターンである。

  (a)　意味の狭化 (narrowing)
　　　 OE. deor (＝animal) → PDE. deer

(b)　意味の拡張（widening）
ME. journey（＝a day's walk）→ PDE. travel

(c)　転移（transfer）
Mod.E. car（＝a wheeled vehicle）→ PDE. automobile

(d)　意味の向上（elevation／amelioration）
ME. nice（＝foolish, wanton）→ precise／subtle →
PDE. agreeable／pleasant

(e)　意味の下落（degradation）
OE. lust（＝pleasure）→ PDE. sexual appetite

　(a) の deer と (e) の lust はいずれも英語本来語であるが，いずれも借用語によって意味変化が引き起こされたと考えられる。古英語では deer（deor）は動物全般を表し，ときにシカも表していた。ところが 13 世紀に「動物，獣」を意味する beast がフランス語から英語に入り，14 世紀には「動物，生き物」を意味する animal がラテン語から借用された。その結果，deer は「動物」の意味をこれらの外来語に譲り，もっぱらシカだけを表すようになった。英語の deer と起源が同じドイツ語の Tier は現在も「動物，獣」を意味する。

　英語の lust は，もともとは「快楽，楽しみ，喜び」を意味したが，「性欲，肉欲，色欲」を表すこともあった。シェイクスピアのテキストでは両方の意味で lust を用いている。(1) は前者，(2) は後者の用法である。

(1)　1594 *Lucrece* sig. K2　Gazing vppon the Greekes with little lust.

(2)　1593 *Venus & Adonis* sig. Fv　Loue comforteth like sun-shine after raine, But lusts effect is tempest after sunne.

　しかしやがて（1）の意味は廃用となり，lust には「性欲，肉欲，色欲」だけが残った。このように lust の意味が「下落」した要因も desire（13 世紀のフランス語借用語）や pleasure（14 世紀のフランス語借用語）の影響が考えられる。意味が競合したために，lust はその「上品な意味」を外来語の desire や pleasure に徐々に譲ったと思われる。

　deer と lust の意味変化は，借用語の流入による意味の役割分担によって引き起こされたと考えられるが，意味変化にはメタファー，メトニミー，具体化，抽象化，主観化などの人間の認知作用が深く関わっている。メタファー（metaphor）とは，隠喩と訳されるが，ある対象の特徴をまったく別の領域に属するもので解釈する認知能力である。たとえば，drone（無線操縦の飛行物体）は，もともと「（ミツバチの）雄バチ」という意味である。しかし OED によると 16 世紀から「怠け者，のらくら者」の意味が生まれる。これはメタファーであり，雄バチがいつも巣の中にいて生殖行動以外は働かない特性を人間に当てはめた結果である。現代的なドローンの意味は，20 世紀（初出は 1946 年）に誕生している。これは，ハチが飛行する様子や音の特徴を無人飛行物体に適用したメタファーであろう。deer や lust の場合とは異なり，drone は古い意味を現代も維持している点で意味がメタファーにより多義になった例と言える。

　メトニミーとは，あるものをそれと密接に関連するもので表すことである。humor が「体液，樹液」から「気質」「一時的気分」「性向」，さらに「ユーモア，滑稽さ」への意味変化には，中世の生理学における気質と体液の関連づけが重要な働きをしている。

具体化は deer の意味変化に，抽象化は car に当てはまりそうである。人間は新しいモノが発明されても既存の語彙・表現を当てはめるが，その背後にさまざまな認知の働きがある。

主観化は，外面的な意味から内面的な意味への変化であり，時に「意味の希薄化」が起こるとも言われる。本動詞の have から完了の助動詞 have の発達においては have の所有の意味が希薄化し意味が内面化している。一般に助動詞が動詞から生まれた時には意味の内面化，つまり主観化，が起こっていることが多い。

名詞＞形容詞＞（強意）副詞という品詞転換でも主観化が見られる。大橋（2018）は，英語の big time という表現には以下の例（1）のような名詞用法の他に，例（2）のような形容詞用法さらに例（3）と（4）のような副詞用法があることを指摘する。

    (1)   Other than that, I had a big time.（名詞＝すばらしい時間）

    (2)   But she has been traveling the "big time" vaudeville circuit, from coast to coast, during the last year.（形容詞＝成功している，人気のある）

    (3)   This is going to cost you big time.（強意副詞＝大いに）

    (4)   "So we 're back in business." "Big-Time." Gino paused for a moment.

big time の形容詞と副詞用法は 1980 年代以降に発達し，これらの品詞転換は新しい意味の使用頻度の高さに動機づけられていることを大橋（2018: 62）は豊富なデータを挙げて示している。具体的な意味を持つ語彙が，徐々に抽象的な意味を帯びて新しい意味が定着することはすべての言語において見られる。しかし，その逆は一般に少ない。

　最後に，新しい事物・事態が世の中に表れたために既存の言葉の意味が曖昧になることがある。つまり曖昧さのない言葉が曖昧な言葉に転じる現象である。たとえば，古い時代は guitar という言葉に曖昧さがなかった。ところがエレキ・ギターが誕生すると，"I want to buy a guitar" が伝統的なギターを指すのかエレキ・ギターを指すのかが曖昧になった。そこで acoustic guitar という言葉が作られた。このような言葉は「レトロニム，後追い命名語（retronym）」と呼ばれ，「時代の流れの中で新しく登場した事物と区別する必要が生じた，以前からある事物の名称として新たにつけられる語」と定義される（『オーレックス英和辞典』）。email と区別するための snail mail（カタツムリ郵便＝通常の郵便），digital watch と区別するための analog watch（アナログ時計）も同様である。

　現代社会では，テクノロジーの進歩により，人間が行ってきた仕事の一部がロボットや人口知能（AI）によって行われつつある。将来は human house keeper とか human composer のような言葉が必要とならないとも限らない。もっとも wife や husband の意味が曖昧になって human wife や human husband のような新語が必要になるとは思えないが。

　この章のポイント：

　・言葉の意味は狭くなったり，拡張したり，転移したり，向上したり，下落する。

　・借用語が入ることで本来語の意味と競合し，本来語の意味変化が引き起こされることがある。

　・意味変化の背後には，メタファー，メトニミー，具体化，抽象化，主観化などの認知が重要な働きをしている。

・テクノロジーの進歩により既存の言葉の意味が曖昧になる
ことがある。snail mail や acoustic guitar などの新しく登
場した事物と区別するためにつくられた言葉は「レトロニ
ム，後追い命名語（retronym）」と呼ばれる。

第19章　保守的な言語とそうでない言語

　「行ってみたい時代」という特集記事が，朝日新聞（2018.8.25）に掲載されたことがある。「タイムトラベルが可能だったら日本のどの時代へ行きたいですか」というアンケートをデジタル会員登録者に対して行い，その集計結果を記したものである。読者が憧れる時代の中には高度経済成長期（1955 〜 1973）とバブル期（1987 〜 1991），幕末期（1853 〜 1868），平安時代（794 〜 1185）などが挙げられていた。平安時代に行きたい理由としては，光源氏の世界，和歌，さらに通い婚への憧れが含まれていた。

　この記事を読みながら気になったことがある。高度経済成長期やバブル期にタイムトラベルしてもコミュニケーションに支障はない。では幕末期はどうか。これは今から 160 年ほど前だが，当時の日本人との会話は可能であろう。しかし平安時代になると残念ながら会話はまったく成立しないだろう。千年前の日本人は私たちの日本語をまったく理解できないし，私たちも千年前の日本人の言葉をまったく理解できない。通い婚をするには言葉の壁

が大きく立ちはだかるのではなかろうか。それは新しい外国語を学ぶようなものであり，習得に少なくとも半年や1年は要するだろう。

いかなる言葉も変化するが，その変化の程度については言語間で差がある。たとえば，英語は変化が非常に大きな言語である。インド・ヨーロッパ語のグループでありながら，英語はこのグループの特徴である屈折の大部分を失っている。では英語とは逆に昔とあまり姿を変えていない言語はあるのだろうか。たとえば千年前の祖先と支障なく会話ができる言語はあるのか。

この話題が，*Linguist List* という世界の言語学者の情報交換サイトで取りあげられたことがある。タイトルは「世界でもっとも保守的な言語（the most conservative language）」（2005.8.25）であった。このコラムを集約した Pete Unseth 氏によると，多くの言語学者がアイスランド語を「保守的な言語」に挙げている。

アイスランド語とは，アイスランド島のみで話され使用人口が約35万人たらずの言語である。系統的にはゲルマン語派北ゲルマン語群に属し，英語とも近い関係にある。アイスランド語は，9世紀にノルウェーから移住したヴァイキングがもたらしたが，大陸から遠い島国で使われ続けたため，他の北ゲルマン語が失った3つの文法性や複雑な格変化などを保持する。また借用語を極力排し，文字についても（古英語で使われていた）ルーン文字の一部を使用するなど古風な色合いを残している。

アイスランド以外に「保守的な言語」にリストされたのは以下の言語である。

　　リトアニア語（Lithuanian）：　北ヨーロッパのリトアニアと
　　　　その周辺国の一部の地域で使用されているバルト語派の言

語。話者人口約 300 万。

サルデーニャ語 (Sardinian)：イタリアのサルジニア島で使用されている言語。人口約 165 万人。イタリア語の一方言とみなされていたが，ロマンス語派の諸言語の中でも最も俗ラテン語の特徴を残し独立した一言語ともみなされる。

グルジア語 (Georgian)：ジョルジア語ともいう。南カフカズ諸語（カルトベリ諸語）の一つ。グルジアの公用語で，この国を中心に約 365 万人によって使われる。カフカズの言語の特徴である能格 (ergative) をもつ。

ウェールズ語 (Welsh)：ケルト語派に属する言語で，イギリスのウェールズ地方に約 50 万人の話し手がいるが，その多くは英語を併用する。

バスク語 (Basque)：スペイン北部とフランス南西部に約 60 万人の話し手をもつ言語。インド・ヨーロッパ系の民族がイベリア半島に侵入する以前から移住していた民族の言語で，今日に至るまで系統不詳。能格と多人称性（主語と目的語の人称を動詞の中に標示する）が特徴。

フェロー語 (Faroese)：デンマークの自治領のフェロー諸島で話される言語で話し手は約 4 万人。ゲルマン語派の北ゲルマン語群の一つでアイスランド語とノルウェー語の中間的言語といわれる。

ギリシャ語 (Greek)

オーストラリアの先住民の言語のいくつか

これらの言語は一般に，(i) 話し手の人口が少ない，(ii) 地理的に隔離されている，ものが多い。しかしその一方で言語の保守

性を判定する難しさもこのアンケートを通して浮上した。もともとの問いかけは「遠い祖先と会話ができるほど変化の少ない言語は何か？」であったが，これに対し，古文を難なく読めるか否かを判断基準にした言語学者がいた。しかしこの基準には問題がある。たとえ古いテキストを理解できたとしても現代人が祖先と会話ができる保証はない。なぜなら同じ言語であっても現代の発音は千年前とは著しく異なるのがふつうである。さらに，どこの国の人も文字をそのまま発音しているわけではない。たとえば「私はもう嫌になってしまいました」という日本語のテキストを考えよう。これを私たちは話し言葉では一文字一文字正確に発音していない。おそらく「ワタシ，モーイヤニナッチャッター」に近い発音ではないだろうか。社会言語学者の Peter Trudgill 氏は，現代のイギリス人が（今から 400 年以上前の）シェイクスピアの英語を聞いてもほとんど理解できないだろう，と推測する。またあるアイスランド人は「私はサガ（12 世紀後半〜 14 世紀前半に北欧中世の散文で書かれた英雄伝説）のテキストを読んで理解できるが，現代アイスランド語の発音は昔とは大きく変化しているので中世の人々との会話は不可能だろう」とコメントしたと言う。

　以上から，「保守的な言語」が存在するのは事実だが，それは千年前の祖先と会話ができるという意味ではない。語彙や文法の変化が比較的少なく古文を容易に理解できる，という意味にすぎない。ではそもそもなぜ（アイスランド語その他のような）保守的な言語と（英語のような）変化が大きな言語があるのだろうか。何か要因があるのだろうか。現代の言語学者の多くは言語接触を指摘する。つまり，他民族・他言語との接触が多ければ多いほど言語は変化するが，逆に接触が少なければ少ないほど言語は変化せずに古い形をとどめやすいと考えている。このため言語の誕生

から非常に長い間は言語変化のスピードは非常に緩やかだったはずだが，やがて人口増大と人類の拡散に伴い，否応なく言語接触が起こり言語変化のスピードが加速されたのではないか，とUnseth 氏は締めくくっている。

　英語が属するゲルマン語の言語群の中にも保守性の階層がある。屈折の衰退を基準にして，動詞の人称変化，名詞の格変化，名詞の文法性を比べると，次のスケールを描くことができる。

〈ゲルマン語の中の保守性の階層〉

非屈折語的 ←------------------------------------→ 屈折語的				
動詞 3 単現 人称 のみ	人称変化 なし	人称変化 一部あり	人称変化	人称変化
名詞 なし の性	2 性 共性・中性	2 性 共性・中性	3 性 男・女・中	3 性 男・女・中
名詞 なし の格	なし	なし	4 格	4 格
英語　デンマーク語　オランダ語　ドイツ語　アイスランド語				

　まず，動詞の人称変化を見ると，デンマーク語には動詞の「三単現」すらない。この点では英語より非屈折的である。しかしデンマーク語には（オランダ語と同じく）名詞の格と性が残っている。またデンマーク語では形容詞と冠詞に屈折が少々ある。この点で英語より保守的である。全体としては，英語はゲルマン語の中でもっとも非屈折的言語で，デンマーク語とオランダ語がそれに続く。逆に，アイスランド語はもっとも保守的であり，ドイツ

語がそれに続くと言えそうである。

　最後に，日本語は保守的なのか，それとも非保守的なのだろうか。結論から言えば，日本語は極端に保守的でも非保守的でもないのではないだろうか。日本語は古くから大量の中国語を漢字と共に借用し，近代には大量の西欧語の語彙を借用している。発音や語法も多様に変化させている。その一方で，日本語本来の膠着語的性質は保持され基本語順に大きな変化がない。英語のような文法体系の大変化があったわけではない。その背景として，（有史以前は別だが）有史以後には英語と古ノルド語のような言語接触が日本語に起こっていないことと，ノルマン征服のように他民族に数十年あるいは数百年間支配されたことがないこと，が挙げられる。

　　この章のポイント：

・歴史的に文法体系に大きな変化があった言語とそうでない「保守的な言語」がある。しかしもっとも「保守的な言語」であっても千年前の祖先と会話ができるわけではない。

・屈折の保持から見ると，英語はゲルマン語の中でもっとも変化を遂げた言語である。その対局にあるのがアイスランド語であり，古い時代の複雑な屈折をかなり保持している。

・言語変化を引き起こす主な要因は言語接触と考えられる。

参 考 文 献

朝尾幸次郎（2019）『英語の歴史から考える　英文法の「なぜ」』大修館書店，東京.

Bybee Joan（2006）"From Usage to Grammar: The Mind's Response to Repetition," *Language* 82(4), 719–721.

Bybee, Joan（2007）*Frequency of Use and the Organization of Language*, Oxford University Press, Oxford.

Collins, Joyce（2016）*An Englishman in N. Y.: Bites on the Big Apple*, NHK 出版，東京.

Crystal, Davie（2002）*The English Language: A Guided Tour of the Language*, Penguin.

Crystal, David（2015）*The Cambridge Encyclopedia of the English Language*, Cambridge University Press, Cambridge.

Davies, Norman（1974）*Sweet's Anglo-Saxon Primer*, 9th ed., Clarendon Press.

Ellegård, Alvar（1953）*The Auxiliary* Do: *The Establishment and Regulation of its Use in English*, Doctoral dissertation, University of Gothenburg.

本田毅彦（2005）『大英帝国の大事典作り』（講談社選書メチエ），講談社，東京.

樋口昌幸（2009）『英語の冠詞　歴史から探る本質』広島大学出版会.

Hilpert, Martin（2008）"The English Comparative: Language Structure and Language Use," *English Language and Linguistics* 12(3), 395–417.

Hopper, Paul J. and Elizabeth C. Traugott（1993）*Grammaticalization*, Cambridge University Press, Cambridge.

堀田隆一（2016）『英語の「なぜ？」に答える　はじめての英語史』研究社，東京.

家入葉子（2016）『ベーシック英語史』ひつじ書房，東京．

加島祥造（1985）『英語の辞書の話』（講談社学術文庫），講談社，東京．

Katzner, Kenneth (2012) *The Languages of the World*, Routledge.

岸田緑渓・早坂信・奥村直史（2018）『英語の謎　歴史でわかる言葉の疑問』（角川ソフィア文庫），角川書店，東京．

小林標（2006）『ラテン語の世界　ローマが残した無限の遺産』（中公新書），中央公論新社，東京．

近藤和彦（2013）『イギリス史10講』（岩波新書），岩波書店，東京．

Loveday, Leo J. (1996) *Language Contact in Japan: A Sociolinguistic History*, Clarendon Press.

Matras, Yaron (2009) *Language Contact*, Cambridge University Press, Cambridge.

松本克己（1991）「主語について」『言語研究』100, 1–41.

Melchers, Gunnel and Philip Shaw (2003) *World Englishes*, 2nd ed., Hodder Education.

Moore, Erin (2016) *That's Not English: Britishisms, Americanisms and what our English Says about us*, Vintage.

中島文雄（1979）『英語発達史（改訂版）』（岩波全書），岩波書店，東京．

大橋浩（2018）「Big time 再考」『認知言語学研究の広がり』，大橋浩・川瀬義清・古賀恵介・長加奈子・村尾治彦（編），51-67，開拓社，東京．

猿谷要（1991）『物語　アメリカの歴史　超大国の行方』（中公新書），中央公論新社，東京．

Smith, Jeremy J. (1999) *Essentials of Early English*, Routledge.

杉本つとむ（2008）『西洋人の日本語発見　外国人の日本語研究史』（講談社学術文庫），講談社，東京．

杉本豊久（1985）「ピジンとは何か　クレオールとは何か」『月刊言語』11月号，40-44.

Sweetser, Eve E. (1988) "Grammaticalization and Semantic Bleaching," *BLS* 14, 389-405.

高橋英光（2012）『言葉のしくみ　認知言語学のはなし』北海道大学出版会，札幌．

寺澤盾（2008）『英語の歴史　過去から未来への物語』（中公新書），中央公論新社，東京．

辞書・事典

Oxford English Dictionary, 第二版とオンライン版.

『英語語源辞典』（寺澤芳雄, 1997）研究社.

ブリタニカ国際大百科事典

索　引

1. 事項，人名に分けてある。
2. 数字はページ数を表す。

事　項

［さ行］

［た行］

人 名

高橋　英光　（たかはし　ひでみつ）

　1952 年北海道（小樽市）生まれ。日本英語学会運営委員長・学会賞委員長・理事及び日本英文学会北海道支部長を歴任。現在，北海道大学名誉教授。専門は英語学・認知言語学。

　主な業績は，*A Cognitive Linguistic Analysis of the English Imperative: With Special Reference to Japanese Imperatives*, John Benjamins（2012, 市河賞／日本英語学会賞），『英語の命令文　神話と現実』くろしお出版（2017），『言葉のしくみ　認知言語学のはなし』北海道大学出版会（2010），『認知言語学とは何か　あの先生に聞いてみよう』くろしお出版（2018, 野村益寛氏・森雄一氏と共編著），『認知言語学―基礎から最前線へ』くろしお出版（2013, 森雄一氏と共編著），"English Imperatives and Speaker Commitment" *Language Sciences* 16(3/4), 371–385（1994），"Indirect Anaphors: Definiteness and Inference" *Leuvense Bijdragen*（*Leuven Contributions in Linguistics and Philology*）86(1/2), 53–80（1997），"Imperatives in Concessive Clauses: Compatibility between Constructions" *Construction* 20(2)（2008）など。

英語史を学び　英語を学ぶ
── 英語の現在と過去の対話──　　　　　　　　<開拓社 言語・文化選書 84>

2020 年 3 月 26 日　第 1 版第 1 刷発行

著作者　　高 橋 英 光
発行者　　武 村 哲 司
印刷所　　日之出印刷株式会社

発行所　　株式会社　開 拓 社　　〒113-0023 東京都文京区向丘 1-5-2
　　　　　　　　　　　　　　　　電話　（03）5842-8900（代表）
　　　　　　　　　　　　　　　　振替　00160-8-39587
　　　　　　　　　　　　　　　　http://www.kaitakusha.co.jp